KAI TWILFER

Tu dat besser nich!

Weitere Titel des Autors:

Ich hab keine Macken, das sind Special Effects
Ein Arschvoll Ratschläge

KAI TWILFER

Tu dat besser nich!

Unglaubliches aus der Welt
der neuen deutschen Korrektheit

lübbe

Dieser Titel ist auch als E-Book erschienen.

Die Bastei Lübbe AG verfolgt eine nachhaltige Buchproduktion. Wir verwenden Papiere aus nachhaltiger Forstwirtschaft und verzichten darauf, Bücher einzeln in Folie zu verpacken. Wir stellen unsere Bücher in Deutschland und Europa (EU) her und arbeiten mit den Druckereien kontinuierlich an einer positiven Ökobilanz.

MIX
Papier aus verantwortungsvollen Quellen
FSC® C014496

Originalausgabe

Umschlaggestaltung: Massimo Peter-Bille
Umschlagmotiv: © Boris Breuer, Köln
Satz: hanseatenSatz-bremen, Bremen
Gesetzt aus der Sabon LT Std
Druck und Einband: GGP Media GmbH, Pößneck

Printed in Germany
ISBN 978-3-431-05044-8

2 4 5 3 1

Sie finden uns im Internet unter luebbe.de
Bitte beachten Sie auch: lesejury.de

Inhalt

Genderwahn? Sexismus? Diskriminierung? Klimahype?
Rassismusverdacht? Veggieboom?

Na! Na! Na! Alles schön der Reihe nach:

Kapitel 1

Von Autor zu Mensch

Pommesbude ist Frieden, dachte ich beim Anblick des alten Mannes, der an der Eingangstür des Imbisses neben mir auf einer Bank saß und mit gesenktem Kopf schlief. Das gilt für meinen kleinen Wohnort anscheinend genauso wie für jede quirlige Großstadt.

Die fast leer gegessene Pappschale des Herrn stand neben ihm auf der Bank. Und während ich genüsslich Wurststückchen in mich hineinschaufelte und ihn beobachtete, kam ich ins Grübeln: Ist es nicht schön zu sehen, dass es noch Menschen in unserer Gesellschaft gibt, die vollkommen sorglos scheinen, ohne Ziel, die aber nicht planlos sind und denen es offenbar vollkommen egal ist, was andere von ihnen halten? Die sich so geben, wie sie sind, und die Momente schätzen, in denen es mal nicht darum geht, so sein zu müssen, wie andere es von einem erwarten.

Der alte Mann badete schnarchend, fast wie in der Palmolive-Werbung, seine Hand in der Currysoße. Er wirkte tiefenentspannt, aber keineswegs gelangweilt. Denn gelangweilte Menschen können durchaus problematisch werden.

Es gibt nämlich zwei Sorten von Menschen, die ich für richtig gefährlich halte. Und ich meine damit nicht irgendwelche Hinterwald-Diktatoren, Top-Terroristen oder den Programmchef von RTL2. Nein, ich finde, dass eine nicht zu unterschätzende latente Gefahr von hungrigen und gelangweilten Menschen auf diesem Planeten ausgeht. Nichts ist schlimmer als Menschen, die sich in einer Mangelsituation befinden und zur Ausübung von Tätigkeiten neigen, die sie unter anderen Umständen vielleicht nie ausgeführt hätten.

Nun gut, das Thema Kohldampf hatten mein schnarchender Nachbar und ich an diesem sonnigen Tag ja bereits hinter uns gebracht, sodass, pappsatt gefressen und in Frieden vereint, von uns sicher keine Gefahr ausgehen würde.

Die noch viel größere Gefahr geht aber sowieso von Menschen aus, die vor Langeweile gar nicht wissen, was sie tun sollen, um ihren Alltag mit etwas Sinnvollem zu bereichern. Besonders schlimm ist es, wenn diese Menschen dann auch noch in Behörden oder anderen Schaltzentralen unseres Landes sitzen und es sich zur Aufgabe gemacht haben, aus dieser Langeweile heraus Gesetze, Verordnungen, Verbote und überflüssige Bürokratie auf den Weg zu bringen, die uns alle betreffen, ja drangsalieren.

Es sind jedoch nicht nur die Verbote und Einschränkungen politischer Couleur, die unser Leben stark beeinflussen und in den letzten Jahren stark verändert haben. Auch wir selbst, also Privatpersonen, und Firmen tragen häufig dazu bei, dass Worte, lieb gewonnene Rituale, Dinge des Alltags und Nichtigkeiten plötzlich als nicht mehr wünschenswert, ja verachtenswert angesehen und als asozial, gesellschaftlich unerwünscht oder verboten stigmatisiert werden. Wir schränken uns also quasi auch ein Stück weit ohne die politischen Rechtsversteher und -verdreher selbst ein und berauben uns unserer doch so lieb gewonnenen Selbstverständlichkeiten.

Maulkorbpflicht, Panikmache und Hysterie sind Begriffe, die ich dabei immer wieder vernehme, wenn Menschen die aktuelle Situation beschreiben, und sie stehen für Entwicklungen, die viele in diesem demokratischen und doch so freiheitsverwöhnten Land derzeit stören. Viele überlegen sich heute im Vergleich zu früher zweimal, ob und was sie überhaupt noch aussprechen oder zu Papier bringen dürfen und sollten. Vor einigen Jahren und Jahrzehnten war dieses Gefühl in der Gesellschaft noch ein anderes.

Auch ich werde jeden Tag damit konfrontiert und bekomme beispielsweise hautnah mit, dass Eltern sich heutzutage nicht mehr trauen, ihre Sprösslinge an Karneval als Indianer zu verkleiden, sondern dem Kind stattdessen lieber ein Auge entfernen und es als Minion losschicken würden, damit bloß nicht die indigenen Ureinwohner der USA beleidigt werden. Auch ich sehe im Supermarkt Hirtenkäse aus Mykonos, auf dessen Verpackung die typisch blauen Kuppeln der weißen Häuser auf der griechischen Insel fototechnisch von Kreuzen befreit wurden, damit auch der nicht christliche Käsejunkie gern mal zugreift und sich am Supermarktregal nicht diskriminiert fühlt. Auch ich sehe auf Erdnusspackungen überflüssige neue deutsche Korrektheit, etwa durch den Hinweis, dass der Inhalt »Spuren von Nüssen« enthalten kann. Und ich sage: Es nervt!

Der alte Mann zog nun seine Hand aus der Pommesschale und schaute mich verschlafen an. Ich blickte auf das kleine Metallschild zwischen uns, das vom Inhaber der Frittenschmiede an der Holzbank angebracht worden war: »Benutzung nur während des Verzehrs von Gästen erlaubt!« Ich fragte mich, wie der Alte wohl schmecken würde, und schloss nun ebenfalls die Augen, um etwas Sonne einzufangen.

Ich werde sehr gern, nicht häufig, aber doch mit systematischer Regelmäßigkeit, von Fremden, Freunden und meiner holden Gattin gefragt, wann ich denn mein nächstes Buch schreibe und wovon es handeln werde. Dass meine Gattin nur fragt, um zu erfahren, wann sie wieder mal in Ruhe ihre Watchlist bei Netflix abarbeiten kann, weil ich mich dann in meine Schreibkemenate zurückziehe – geschenkt. Aber die

Frage Fremder nach dem Inhalt meines nächsten Buches zielt häufig darauf, doch bitte mal ein Thema aufzugreifen, das wirklich vielen Menschen auf der Seele liegt und das sie gern mit meiner Hilfe in schriftlicher Form abgearbeitet wissen wollen.

Bei keinem anderen meiner Bücher war der Wunsch nach einer Aufarbeitung des Themas allerdings so groß wie bei dem vorliegenden Kursbuch zur Verbotskultur in Deutschland mit all seinen bizarren Details zu unserer neuen oberkorrekten Gesellschaft. Das Buch soll verdeutlichen, dass früher längst nicht alles besser, dafür aber vieles piepegaler gewesen ist. Gleichzeitig ist es mir als Mittvierziger wichtig, auch ein Stück weit in Erinnerungen zu schwelgen und zu zeigen, wie denn ein Alltag in den achtziger und neunziger Jahren, also meiner Jugend, im Vergleich zu einem Leben der heutigen Smombie-Generation der Greta-Christus-Jünger ausgesehen hat (Smombie = Smartphone-Zombie).

Die Zeit davor, also die für viele ultracoole Ära der siebziger Jahre, als Telefone noch orange waren und WhatsApp-frei mit einem Finger kreisförmig bedient wurden, soll in dieser satirischen Niederschrift ebenfalls beleuchtet werden. Das Buch ist also auch als eine Art Generationenporträt zu verstehen, das zeigen soll, dass jede Epoche zwar ihre Verbote und Einschränkungen kannte, sich aber im Vergleich zu früher inzwischen immer mehr Leute total verunsichert fühlen, all das zu sagen und zu machen, was damals unproblematisch war und in den meisten Fällen niemanden ernsthaft beleidigt oder gestört hat. Es wird also die entscheidende Frage aufgeworfen, warum eigentlich alles so umständlich, kleinkariert und unentspannt geworden ist und warum wir viele Dinge, die eigentlich schon extrem gut und durchdacht waren, plötzlich wieder verschlechtern und verkomplizieren.

Aus diesem Grund werden Sie in diesem Buch auch keine »vergewaltigten« Wörter der deutschen Sprache finden, die vor ihrer Schändung beispielsweise »Leser«, »Politiker« oder »Mütter« geschrieben wurden und nun zu gedemütigten, künstlichen Wortschöpfungen wie »Leser:*Innen*«, »Politiker*innen« und »Gebärende« geworden sind. Diese Schreibweise mit Sternchen und Doppelpunkten im Wort ist grammatikalisch schlichtweg falsch und wird auch nicht besser, nur weil die Gesellschaft es plötzlich als richtig einstuft, so zu schreiben und zu reden. Nein, unsere deutsche Sprache bringt in ihrer Vielfalt genug Schönes hervor und wurde im Laufe der letzten Jahrhunderte so optimiert, dass es aus Sicht der meisten Bundesbürger einer aus Langeweile heraus betriebenen Verschlimmbesserung nicht bedarf.

Auf der einen Seite entledigen wir uns immer mehr schöner deutscher Wörter, verzichten inzwischen in jeder Messenger-Nachricht auf einen ordentlichen Satzbau, platzieren stattdessen Tausende bescheuert grinsende Emojis im Fließtext, achten aber gleichzeitig auf der anderen Seite pingelig genau darauf, dass jeder zweite Begriff im Deutschen gegendert wird. (Außerdem entlastet ein Verzicht auf die Genderschreibweise in diesem Buch auch meine Lektorin, die mit meinen verschwurbelten Wortkreationen schon genug Arbeit zu bewerkstelligen hat.)

Daher bleibe ich im Hinblick auf die großen deutschen Wortakrobaten Goethe, Schiller und Heinz Erhardt bei der Ursprungsform, die sicher in den meisten Fällen nicht dafür sorgen wird, dass nun alle Männer und Männerinnen unter den Lesern beleidigt nicht mehr ihre Suppe aufessen wollen, die sie sich selbst eingebrockt haben. Doch dazu später mehr ... Mir sind alle Politiker, Leser, Mütter und Nicht-Mütter, ganz egal, ob sie weiblich beziehungsweise männlich sind oder sich nur so fühlen, in diesem Buch herzlich willkommen, sodass es einer schriftlichen Abgrenzung durch Gendersternchen, Doppelpunkte, Binnen-Is, Pluszeichen und obskurer Umschreibungen nicht bedarf. Schön, dass wir darüber gesprochen haben.

Die politische Landschaft, Männlein und Weiblein, spielt in diesem Buch eine ganz entscheidende Rolle. Das hat eine Politsatire häufig so an sich.

Wenn man auf die letzte Zeit zurückblickt, so war es wahrlich nicht leicht, sich der politischen Beeinflussung und medialen Berieselung zu entziehen. Politiker wirken also medial gleichsam wie eine Droge. In einer überschaubaren Dosis haben sie noch eine berauschende Wirkung, und man erträgt sie unbeschadet mit einer gewissen Neugier auf das, was sie wohl sagen und was danach passieren wird. Überdosiert man aber die Menge an Politik, mit all ihren Akteuren in Talkshows, Zeitungen, Rundfunk und Twitter-Accounts, so droht man an dieser Überdosis psychisch kaputtzugehen. Ich glaube, ich stand kurz davor. Also, keine Macht den Drogen!

Die Bundestagswahl, mit all ihren Duellen, Triellen und an Kasperletheater erinnernden Vorstellungen, hat im vergangenen Jahr ihr Übriges dazu beigetragen, dass ich mich zwar weiterhin sehr für Politik und ihre Inhalte interessiere, aber aus meiner Sicht auch ein Stück weit die Ernsthaftigkeit, die der Politik früher mal nachgesagt wurde, auf der Strecke geblieben ist. Dass immer mehr Menschen auf die Straße gehen, um ihren Unmut über die aktuellen Entwicklungen in diesem

Land zum Ausdruck zu bringen, ist für mich als Buchautor natürlich eine Steilvorlage, um aus der aktuellen Situation neues Futter für ein Buch zu ziehen. Ein lustiges Buch, mit vielen bizarren Figuren und Situationen.

Während ich nun das Hinweisschild auf der Bank vor der Pommesbude mit einem Filzstift klugscheißend korrigierte, leckte sich der alte Mann die kalte Currysoße von der Hand.

Er bot mir mit verschlafenem Gesicht einen Magenbitter an, was ich nach all dem Glutamat unmöglich ablehnen konnte. Prost!

Zusammengefasst: Die politische Landschaft hat in den vergangenen drei Jahren so derart viel Comedy-Potenzial bewiesen, dass es gar keiner zusätzlichen Recherchen im oder Inspirationen durch das Volk bedurfte, um dieses Buchprojekt in Angriff zu nehmen.

Man muss natürlich ein bisschen zwischen der ach so weltgewandten Bundespolitik in Berlin und der viel breiter aufgestellten Kommunalpolitik, die ja quasi vor der Haustür passiert, unterscheiden. Wenn es ein Bundespolitiker in der Hauptstadt befürworten würde, dass bei der Anmeldung zur Hundesteuer die Tiere nun nicht nur in weiblich und männlich, sondern auch in divers eingeteilt werden sollen, was ja tatsächlich diskutiert wird, und das per Beschluss bundesweit auf den Weg gebracht werden soll, dann sieht das ein Dorfbürgermeister, dessen Straßen ja ebenso zugekackt werden, nicht selten ganz anders.

Nicht, dass Bürgermeister was gegen transsexuelle Hunde hätten, aber ihre Behörden müssen den neuen bürokratischen Unsinn ja wuppen – und eben nicht die Politiker in Berlin. Zudem haben sie auf kommunaler Ebene den viel engeren Kontakt zu ihren Bürgern und wissen, wie der fürsorgliche Hundehalter das sieht. Nämlich häufig ebenso wie der Hund: Es ist ihm schlichtweg kackegal.

Umso besser also, dass viele Gesetze und Verordnungen Ländersache oder Angelegenheit der Kommune sind und sich die Bundesbehörden in Berlin mit wirklich wichtigen juristischen Themen wie Kissenschlachten beschäftigen müssen. Tatsächlich gibt es eine bundesdeutsche Verordnung, in der steht, dass ein Kissen als Waffe angesehen werden kann, wenn man es bei einer Kissenschlacht nicht einvernehmlich einsetzt und jemanden damit verletzt. Also, liebe Kinder: Auch ohne Murmelfüllung in Ommas Cordbezug – Finger weg von den gefährlichen Daunenkissen! Unerwünscht!

Nicht selten kommt es auch vor, dass die Lokalpolitik sogar ein klarer Gegner bundesweiter Entscheidungen und Vorgaben ist. Häufig aus dem Grund, Bürgernähe vor der nächsten Kommunalwahl zu suggerieren, aber zum Glück auch oft aus persönlicher Überzeugung der Akteure vor Ort.

Die sehr spezielle Geschichte, die ich Ihnen in diesem Buch erzählen möchte, spielt auf dieser lokalen Ebene. Schauplatz ist der kleine Ort Borsen, unweit der holländischen Grenze. Mein Geburtsort, den ich zwar, anders als meine komplette Familie, nach dem Abitur verlassen habe, der mich nun aber durch seinen ländlichen Charme und getrieben durch die ganze Political Correctness in den Städten zurückerobert hat. Es lag also nicht nur an der traditionsreichen Pommesbude. Borsen: ein kleinstädtisches Idyll, irgendwo zwischen dem Ruhrgebiet und der münsterländischen Steppe gelegen, wo auf den Stammtischen nicht selten noch Glocken stehen und es im Supermarkt sogar Ziegenfutter zu kaufen gibt.

Leider musste ich schnell feststellen, dass auch hier Politiker mit Verbotsinteressen und dem Bestreben nach Bevormundung wild durch die Gegend toben und vielleicht nicht das Rasenmähen meines Nachbarn am frühen Sonntagmorgen untersagen, dafür aber beispielsweise Gartenbeleuchtung in den späten Abendstunden, damit der Flug nachtaktiver Insekten nicht gestört wird. Auch hier im Ort wird selbstverständlich penibel auf die Frauenquote geachtet. Hat ein Unternehmen, etwa die örtliche Diamantenmine, nicht genug Frauen im Abbau beschäftigt, so muss als Ausgleich in jedem Stollen ein fleischfreier Baum gepflanzt werden, um den ökologischen Fußabdruck CO_2-neutral auszugleichen. Na ja, oder so ähnlich.

Auf jeden Fall achtet man nicht nur in der überhitzten Großstadt darauf, dass man sich möglichst spaßfrei, dafür aber politisch korrekt, klimaneutral und natürlich gendergerecht bewegt. Auch auf dem Land gibt es Dinge zwischen Himmel und Kuhfladen, die keiner so richtig versteht. Man will ja schließlich der Großstadt nicht zu sehr hinterherhinken.

Nichts ist in einem kleinen Ort wie Borsen anonym, und jede absurde Verordnung findet hier den kürzesten Weg aus der Behörde direkt auf die entsetzten Zungen der Wutbürger, die davon betroffen sind und sich dagegen nicht selten zur Wehr setzen.

In meinem persönlichen Fall hat es sich zudem als recht nützlich herausgestellt, dass ich neben meiner Autorentätigkeit auch als Redakteur beim örtlichen Anzeigenblättchen *Der Rundwurf* ein paar Mark fuffzig dazuverdienen und auf diese Weise direkt am politischen und gesellschaftlichen Leben des Ortes teilnehmen kann. Ich bin also neben meiner Tätigkeit als Buchautor ein sogenannter fester Freier, der der Lokalzeitung seine journalistischen Beiträge anbietet und gegen harte Euronen verkauft.

Der Begriff »fester Freier« hat im journalistischen Alltag übrigens nichts mit einer Flatrate im Saunaclub zu tun. Man bekommt aber in dieser Funktion einen sehr guten Überblick über all die wahnwitzigen Dinge, die im Ort geschehen und die in der Regel immer wenige Gewinner und ganz viele Verlierer produzieren. So wie auch in der Politsatire, die ich Ihnen nun in diesem Buch erzählen möchte, rund um das Thema Verbotskultur in Deutschland. Sie ist ein Paradebeispiel für den deutschlandweiten Wahn an Regeln und Verordnungen, die veränderte genormte Gesellschaft der 2020er Jahre und trotz vieler überspitzter Momentaufnahmen sicher ein Spiegelbild für viele Leser, die in dieser Story sich selbst oder eine Situation wiederfinden werden, die sie so oder ähnlich auch schon erlebt haben.

Der alte Mann schmiss die beiden geleerten Magenbitterfläschchen in den Mülleimer, auf dem »Nur für Abfall!« stand, und verabschiedete sich von mir mit einem Wink in Richtung Heimat. Wo immer das auch war …

Ich hingegen möchte Sie nun zusammen mit meiner Kollegin und Fotografin Tessa herzlich nach Borsen einladen. Knapp 20.000 Einwohner, bereits 26 Windräder, zwei Tankstellen mit Schnitzelbrötchen in der Auslage, eine vegane und – bekanntermaßen – eine eingefleischte Pommesbude sowie ein selbstverliebter Bürgermeister, der mit allen Mitteln den Landesverdienstorden erhalten wollte. Das ist in Deutschland durchaus möglich, wenn Sie eine lebende Person sind und sich um ihr Bundesland verdient gemacht haben, zum Beispiel durch soziales Engagement oder langjährige ehrenamtliche Mitarbeit in einer karitativen Einrichtung. Vielleicht aber auch durch die Schnapsidee, aus Gründen der Geschlechtergleichstellung und Toleranz gegenüber Ausländern mitten im

Ortskern eine Polizeikaserne für 120 niederländische Polizeianwärterinnen, inklusive Schießstand, errichten zu wollen. Viel Spaß!

Kapitel 2

Von diversen Toiletten, einem Föhn als Schusswaffe und einer schlafenden Omma mit Power in der Hose

Nun saß ich da also wieder. So, wie sicher schon Hunderte Male zuvor. Auf diesem kalten Stahlrohrstuhl mit kunstlederbezogenen Griffen aus den frühen siebziger Jahren, den man nicht nur hochpumpen und wieder herunterfahren, sondern zur Pflege diverser Körperstellen sogar nach hinten kippen konnte, um eine bessere Position zu bekommen.

Ja, Sie haben es vielleicht erraten, es handelt sich nicht um ein medizinisches Möbel, sondern um den leicht in die Jahre gekommenen Friseurstuhl im Salon meines Vaters Georg. Ich saß auf diesem Stuhl mit einem Umhang um den Hals, durch den ich mich schon als Kind an eine arm- und hilflose kegelförmige Wackelfigur erinnert fühlte, die gerade von einem Barbaren – nein, es heißt Barbier – das damals noch üppige Haupthaar geschoren bekam. Ich bin quasi im Salon meiner Eltern aufgewachsen und ebenso wie mein Vater ein Befürworter und Bewahrer dieser schönen alten Dinge wie zum Beispiel Friseurstühle aus der Vorkriegszeit.

Der Salon meiner Eltern war schon zur Eröffnung kurz nach der Geburt Jesu Retro pur gewesen und bestach immer noch durch allerhand ästhetische Dinge, die es so heutzutage gar nicht mehr gab. Zum Beispiel bestand die Wandverkleidung dort jahrzehntelang nicht aus Tapeten, sondern aus beigefarbenem Teppichboden. Hornhautumbrafarbene Auslegeware in Matschoptik, vertikal für die Ewigkeit verklebt. Ich habe noch gut in Erinnerung, wie stolz meine Mutter damals, jeden Samstag nach Feierabend, den Vorwerk auspackte und stundenlang die Wände saugte.

Warum man so etwas in einem Raum verarbeitet hatte, in

dem jahrelang tagein, tagaus irgendwelche ozonhaltigen Hairsprays durch die Gegend geblasen wurden und die Wandverkleidung nach und nach härter werden ließen als durch jede Grundierung? Meine Eltern wissen es eventuell, ich bis heute nicht. Wäre das Gebäude drum herum zusammengestürzt, die Teppiche würden immer noch stocksteif in der Landschaft stehen.

Legendär war zudem eine der letzten Sonnenbänke der achtziger Jahre, die nicht in einem professionellen Sonnenstudio aufgestellt worden war, sondern im Wäschekeller des Salons, unmittelbar zwischen Warmwassertank und Wäscheständern, behängt mit Handtüchern der letzten Dauerwellenkunden.

Um dem nach brauner Haut lechzenden Landbewohner wenigstens ein bisschen südliches Flair bieten zu können, entschied mein Vater sich bereits in den frühen achtziger Jahren dazu, den Raum mit einer zwei mal fünf Meter großen Fototapete zu verzieren, die das Panorama eines Strandes irgendwo in der Karibik zeigte. Bacardi Feeling halt, nur ohne Cocktailbar. Da der urgemütliche Sonnenbankkeller des Friseursalons allerdings nur 1,80 Meter hoch war, musste die Fototapete an der Oberkante so beschnitten werden, dass man sich stets fragte, warum die Palmen eigentlich keine Blätter trugen.

Na, egal. Braun wurde man unter den asbestimprägnierten Röhren allemal, sodass es für fünf Mark schlicht zweitrangig war, ob das gesundheitlich irgendeine Relevanz hatte und ob die halb nackte Frau auf der Tapete, deren hochtoupierte Haarpracht à la 1983 ebenfalls abgeschnitten werden musste, eher sexistisch dargestellt wirkte oder verkrüppelt emanzipiert. Über so was hat man sich damals einfach keine

Gedanken gemacht. Am wenigsten mein Vater, der aber dafür die einzige Sonnenbank im Ort aufbieten konnte!

Hinzu kamen im Salon noch ein kleiner Aufenthaltsraum und eine winzige Toilette direkt dahinter, die juristisch zu einem Problem werden könne, wie mein Vater mir gerade erzählen wollte, als im selben Moment die Tür des Salons aufsprang und mein oberkorrekter Nerv-Neffe Benedikt Olm, den wir alle nur Grotti nannten, hereinspazierte. Grotti, wegen Grottenolm, also der Amphibie.

Grotti arbeitete seit Kurzem im »Kommunalamt für neue deutsche Korrektheit« bei uns im Ort, das die Bezirksregierung vor wenigen Jahren ins Leben gerufen hatte, um angebliche Missstände in der Gesellschaft sowie im Alltag der Bürger aufzudecken und zu beheben. Eine Art Dorf-Stasi-Zentrale also, die nicht nur dafür sorgen sollte, dass auch alle Hecken die richtige Höhe haben, sondern die auch sicherstellte, dass niemand im Ort in irgendeiner Form benachteiligt oder gar diskriminiert wurde. Die Behörde ersetzte zudem das bis dahin tätige, wesentlich günstigere Ordnungsamt von Borsen.

Grotti gab gleich Vollgas: »Moin, Georg. Ach, Kai! Du auch hier? Mal wieder Glatze polieren lassen?«

Obwohl ich Grotti im großen Spiegel gut sehen konnte, drehte ich mich zu meinem Neffen um.

»Vorsicht, Grotti! Ich bin gerade kampfunfähig mit dem Heldencape um den Hals. Und das mit der gescheiterten Haarpracht ist Altersdiskriminierung. Denk dran, du willst hier in Borsen politisch Karriere machen. Da kommen solche Sprüche nicht gut.«

Grotti holte einen Zollstock aus seiner spießigen Aktentasche, die er demonstrativ im Waschbecken abgestellt hatte.

»Bruce Willis hat auch Glatze …«, konterte Grotti.

»Ja«, sagte ich, »aber auch der ist inzwischen ein alter Oppa geworden. Yippie-Ya-Yeah, du Schweinebacke. Was willst du überhaupt hier, meine Haarlänge messen?«

Grotti holte neben dem Zollstock nun auch noch einen Winkelmesser, eine Wasserwaage und ein dickes Buch aus der Tasche und legte alles exakt nebeneinander auf die Ablagefläche vor mir. Es sah ein bisschen so aus, als solle nun eine Opferprozession beginnen, und die Werkzeuge würden auf dem Altar dafür bereitgelegt. Mein Vater, das Opfer, schaltete sich wieder ins Geschehen mit ein.

»Benedikt, du kommst jetzt aber nicht wieder wegen der alten Glühstäbe in den Hauben, oder? Ich habe dir beim letzten Mal schon gesagt …«

Grotti unterbrach meinen Vater: »Nein, Georg, die Verschwendung von Strom habe ich heute nicht auf der Tagesordnung. Umwelt ist ja nicht so mein Ressort. Aber deine Toilettenanlage hier im Salon … Ich fürchte, das kann so nicht bleiben.«

Mein Vater legte verwundert die Rasiermaschine neben den Zollstock. »Was ist mit dem Klo? Stimmt der Geruch nicht?«

Grotti packte nun verbal das ganz große Besteck aus: »Nein, Georg, aber dein Abort ist nicht gendergerecht. Du weißt, dass es heutzutage nicht mehr State of the Art ist, dass eine deutsche Toilettenanlage nicht auch für diverse Menschen eine eigene Kabine bereitstellt oder die vorhandene zumindest als solche entsprechend gekennzeichnet ist. Paragraf 143b, Absatz 4, Punkt 6, Unterpunkt 23c. Ich kann das so nicht genehmigen.«

Die Temperatur meines Vaters stieg an, und das lag nicht am Föhn, den mein alter Herr nun wie eine Schnellfeuerwaffe in die Hand nahm.

»Sag mal, Benedikt, was hat mein Schwiegersohn eigentlich falsch gemacht, als er dich gezeugt hat?«

»Georg, auch das ist diskriminierend. Wir schauen uns das jetzt erst mal genau an.«

Grotti schnappte sich seine Messwerkzeuge, und wir verschwanden alle drei im Aufenthaltsraum des Salons. Meine Mutter, die das Treiben von der Kasse aus sah, stutzte etwas, blieb jedoch im Gespräch mit unserer Dauerwellen-Stammkundin Frau von Schmoller.

Grotti gab das gute alte Ordnungsamt. »So, Georg, schau mal. Auf deiner Miniparzelle, die du Toilette nennst, prangt unisexuell ein großes D und ein großes H …«

Ich klinkte mich in den Monolog ein. »Das heißt vielleicht Deutsche und Holländer. Die dürfen hier im Salon ein und dasselbe Klo benutzen. Uni im Sex vereint.«

»Ja!«, schob mein Vater dazwischen. »Und wer Bock hat, sogar gleichzeitig. Das ist doch Völkerverständigung genug, Benedikt. Politisch total korrekt.«

Grotti hob arrogant die Nase, wirbelte mit dem Zeigefinger vor den Augen meines Vaters und machte unbeeindruckt weiter: »Und was ist, wenn sich mal ein diverser Holländer zum Abort begeben möchte?«

Ich schob meinen Umhang etwas zur Seite, öffnete ihn und sah nun tatsächlich ein bisschen aus wie Batman. »Mann, Grotti, wir haben hier aber keine diversen Holländer, die sich sagen: ›Oh, wie toll. Morgen lasse ich mir bei Haarpflege Twilfer eine Minipli-Dauerwelle machen, und danach piesel ich dem Georg noch schön die Toilette voll.‹«

Mein Vater nickte heftig mit dem Walther-PPK-Föhn in der Hand.

Grotti blieb immer noch unbeeindruckt.

»Nun gut. Wie dem auch sei, Georg. Du musst hier entweder eine eigene Toilettenzelle für diverse Menschen einrichten oder auf der Tür, neben H und D, noch, ähh, D für divers ergänzen.«

Mein Vater verstand nur noch Bahnhof. »Ich soll also M für Männer und Doppel-D für Frauen und den Rest auf das Klo pinseln? Wäre nicht gerade Doppel-D sexistisch?«

Grotti schlug aufgeregt in seinem Gesetzbuch nach.

»Ne! Doppel-D wäre zu viel. Geht nicht. Haste recht. Lass die Buchstaben doch einfach ganz weg, und schreib ›Sitzort & Stehort‹. Das ist gendergerecht und geschlechterneutral. Damit kann das Kommunalamt leben.«

Mein Vater machte mit der Hand den Scheibenwischer vor dem Gesicht. »Und um in meinem Salon Wasser aus dem Spülkasten zu sparen, schreibe ich noch einen schönen Reim auf die Brille: ›Das Braune darf gehen, das Gelbe muss stehen!‹«

Grotti war begeistert. »Ja, wie gesagt, Umwelt ist im Amt nicht meine Baustelle. Aber im Hinblick auf den Weltklimawandel sicher eine vernünftige Idee, um Ressourcen zu sparen. Georg, ich sehe, wir verstehen uns.«

Kaum war das leidige Thema »gendergerechtes Klo« im antiken Friseursalon geklärt, da stürmte die nächste antike Koryphäe zu uns in den Aufenthaltsraum: Frau von Schmoller, die im Grunde ganz sympathische Stammkundin, drängelte sich mit Lockenwicklern im grauen Haar etwas ungalant zwischen uns hindurch.

»Ach, Herr Twilfer. Ich will Ihre angeregte Unterredung hier nicht stören, aber ich hab seit heute Morgen Durchfall.«

Ja, dachte ich mir, das war Frau von Schmoller, wie sie leibt und lebt. Nach außen hin Grande Dame und vornehm bis zum Gehtnichtmehr. Tief im Inneren aber ein sympathischer

Hooligan und proletarischer Revoluzzer. Aus diesem Grund nannte sie der ganze Ort auch nur Terromma. Eine entspannte Kundin, ganz nach dem Geschmack meiner Eltern.

Als Frau von Schmoller nun hinter der verschlossenen Tür durch »diverse« Geräusche lautstark Werbung für ihr neues Abführmittel zu machen begann, suchte ich zusammen mit meinem Vater und Grotti schnell das Weite. Mein Neffe erschnorrte sich bei meiner Mutter noch einen Kaffee und verschwand dann mit der umweltbewussten Keramiktasse und deren Aufschrift »Ich bin so heiß!« zurück in Richtung Amtsstube.

Mein Vater dampfte allerdings noch stärker als der Kaffee, und auch meine Mutter mischte sich nun, im Hinblick auf die geklaute Tasse, in das Thema Gendern mit ein.

»Die haben doch nicht mehr alle Tassen im Schrank! Dieses Genderding in Deutschland wird ja immer bekloppter. Jetzt soll alles, wo es um Männer und Frauen geht, um ein drittes Geschlecht ergänzt werden?«

»Ja, divers«, warf ich ein. »Das nennt man Diversität. Divers deckt also quasi alle Menschen ab, die sich weder mit dem männlichen noch mit dem weiblichen Geschlecht eindeutig identifizieren wollen.«

Meine Mutter, eine Jugendliche der sechziger Jahre, als Männer noch den wilden Haarwuchs auf der Brust kultivierten, statt Bartöl und Epilierer zu benutzen, konnte bei solchen neumodischen Themen eine unglaubliche Energie an den Tag legen.

»Früher war so eine bewusste Nennung oder Beschriftung auf Klos doch auch nicht nötig. Immerhin nehmen wir ja jedem diversen Menschen dann die Chance zur freien Auswahl, ob er, äh, sie ein Männer- oder Frauenklo benutzen möchte.

Ist es nicht gerade outend, wenn ein Diverser dann ein Spezialklo nutzt, statt ihm die Wahl zu lassen, wo er denn nun sein Geschäft erledigt? Wir Frauen wären doch die glücklichsten Menschen der Welt, wenn wir auf einem Rockfestival auch die Dixies für Kerle benutzen dürften, statt Schlange stehen zu müssen. Ein Diverser könnte das doch. Ich versteh das alles nicht. Erst recht nicht, wenn man aus baulichen Gründen ohnehin nur eine Klokabine hat.«

Ich schnappte mir in meinem Batman-Cape meine Mutter Klara – so, als wolle ich sie vor meinem Vater, dem Joker, beschützen, der vor Wut über dieses ganze Bürokratentum immer noch mit Föhn in der Hand ein inzwischen ganz bunt gefärbtes Gesicht hatte – und setzte noch einen oben drauf: »Mutter, und das ist ja erst der Anfang von allem. Es gibt in Deutschland sogar schon erste Genderfriseure, die nun nicht mehr Herren- und Damensalon auf die Scheibe schreiben, aber stattdessen für alle Haarlängen die gleichen Preise verlangen, um geschlechterneutral schnipseln zu können. Die Hippies wird es freuen. Auch die lukrativen Hochzeitsfrisuren wären dann alle zu ein und demselben Preis zu machen!«

Mein Vater wurde hellhörig: »Das heißt, dass wir dann zum Pauschalpreis auch Männern eine Hochsteckfrisur klöppeln und ein Diadem ins Haar flechten müssten?«

»Nein, nicht ganz, aber fast«, erwiderte ich. »Und es kommt ja noch viel schöner in Sachen Toiletten. Der Gesetzgeber sieht nämlich vor, dass jeder Betrieb mit mehr als neun Angestellten nachweisen muss, dass für jedes Geschlecht, also auch für Diverse, eine eigene Toilette vorhanden ist. Da ihr hier im Salon aber mit weniger als neun Angestellten arbeitet, ist laut Amtsschimmel auch eine Gemeinschaftstoilette möglich, wenn sichergestellt wird, dass, wörtlich, ›eine zeitlich getrennte Nutzung stattfindet‹.«

Mein Vater versuchte zu folgen. »Das heißt, wenn Frau Schmoller ein Häuflein macht, dürfte ich nicht gleichzeitig dort den Yellow River singen?«

Ich nickte. »Ja, und besonders schön wird es vielleicht bald in Schulen und Kindergärten. Im bayrischen Pullach zum Beispiel, der Ortsname kommt übrigens nicht von Pullern, hat man sich sehr geräuschintensiv Gedanken über stille Örtchen gemacht, inwieweit es in Schulen eine Toilette speziell für transidente Kinder geben sollte. Der Status ist da derzeit wie fast überall in Deutschland: Es wird zunächst einmal eine sauteure Machbarkeitsstudie in Auftrag gegeben. Wahrscheinlich, um dann festzustellen: Ja! Dat Klo is machbar, et müsste aber genauso ein mit Wasser zu spülender Keramikpott installiert werden, wie in fast jedem anderen Klo auffe Welt auch.«

Frau von Schmoller kam mit einem erleichtert wirkenden Gesichtsausdruck zurück in den Salon und setzte sich wieder auf ihren Platz.

Ich erzählte meiner Mutter von weiteren kuriosen Fällen, die nicht nur mit dem dritten Geschlecht zu tun hatten, sondern auch mit dem Phänomen, dass die uns beiden doch eher vertrauten Geschlechter Frau und die, die ihnen hinterherrennen, also Männlein und Weiblein, zukünftig im besten Fall in ein Wort verknobelt werden sollen, um die Diversen mit im Boot zu haben.

»Die Lufthansa beispielsweise hat nun nach knapp siebzig Jahren die altbekannte Begrüßung der Piloten an die ›zu Fliegenden‹ abgeschafft: Statt der klassischen Anrede ›Sehr geehrte Damen und Herren!‹ heißt es jetzt in allen Fliegern nur noch: ›Liebe Gäste!‹ Man glaubt, hiermit nun alle Flugreisenden mit zwei Wörtern wie einen Cargo Container abfertigen zu können. Dabei kennt die Ausgabe des Dudens aus dem Jahr 2013 auch die seltene Form ›Gästin‹, die also im deutschen Sprachgebrauch durchaus möglich wäre. Die Piloten müssten also in ihr Bordbuch aufnehmen: ›Liebe Gästinnen und Gäste!‹«

Meine Mutter schüttete sich nun ebenfalls einen Kaffee ein. »Was soll daran denn besser sein? Zuvor hat man wenigstens noch erwähnt, dass die Gäste ›sehr geehrt‹ waren. Die neue Anrede hört sich dagegen viel lässiger und kumpelhafter an, so wie bei IKEA im Bällebad: ›Liebe Kinder, gleich fliegen wir nach Malle.‹ So ein Blödsinn!«

Mein Vater ergänzte: »Liebe Kinder und Kinder_innen. Das kann man und frau dann mit Gender-Gap schreiben. Also, mit so 'nem Unterstrich. Hab ich neulich hier im Lesezirkel in der *Bravo* gesehen.«

»Und bei Audi«, erwiderte ich, »heißen die Mitarbeiter jetzt nicht mehr liebevoll Audianer, sondern Audianer*innen. Mit Stern in der Mitte, so wie bei Daimler auf der Haube. Aber, horch, horch, sprecht das mal nicht zu lasziv aus, wie: ›Au, die Indianerinnen!‹ Dann habt ihr nämlich neben Diskriminierung noch ne Klage wegen Sexismus an der Backe.«

Mein Vater legte nun endlich seine Waffe zur Seite und zog den Stecker, damit das Gerät nicht womöglich noch Strom im Stand-by-Modus verbraucht und wir demnächst das Umweltbundesamt auf der Matte stehen haben.

Meine Eltern taten mir leid. Es ist für viele Menschen der Generation Beatles oder Stones wirklich nicht immer leicht zu verstehen, warum wir in unserer Gesellschaft plötzlich Themen heraufbeschwören, die bis vor einigen Jahren wirklich niemanden interessiert haben. Das dritte Geschlecht und die

Betonung, dass zwei oder eben sogar drei Geschlechter überall in der Gesellschaft angesprochen und angemessen berücksichtigt und gewürdigt werden sollten, halte ich nicht für das dringlichste Thema in unserem Land. Das heißt aber nicht, dass man das Thema verdrängen oder es gar nicht zur Sprache kommen sollte.

Jeder Mensch muss mitgedacht und nicht systematisch ausgeblendet werden. Aber eben auch nicht krampfhaft in jedes Wort mit eingebunden werden müssen, weil einige es so wollen. Sicher schmeichelt es jeder Frau oder transsexuellen Person, wenn auch sie in eine Anrede mit eingebaut wird. Aber wenn eine Nachrichtensprecherin über die Politiker im Allgemeinen redet, dann geht es doch wohl für jeden Vollhonk verständlich sowohl um die weiblichen als auch um die männlichen und von mir aus auch diversen Politiker. Das generische Maskulinum lässt grüßen. Alle Mann und Frau also im Boot, keiner fehlt. Viele argumentieren hingegen, das sei zu ungenau, da man nicht ableiten könne, ob auch tatsächlich alle Geschlechter gemeint seien, wenn man im generischen Maskulinum zum Beispiel vom Hamster spreche. Die Hamsterin, also Frau Hamster sozusagen, wird es freuen.

Wenn beispielsweise das sture und altback…, äh alteingesessene ZDF sich neben anderen Fernsehsendern rühmt, nun ebenfalls in fast jeder Nachrichtensendung zu gendern und die Moderatoren sich fast die Zunge brechen, wenn sie von Islamist_innen (!) sprechen, die nun in immer mehr afghanische Städte einziehen würden (O-Ton ZDF 17.08.2021), dann fragt man sich, ob der Sender sich neben dem verkrampften Gendern auch mal die Frage stellt, ob das, was man da ausdrückt, auch inhaltlich und nicht nur in Bezug auf die Gendersprache Sinn ergibt. Möchte man auf die alten Tage doch noch hip werden? Zumal sich einer Umfrage zufolge über siebzig Prozent der ZDF-Gucker gestört fühlen, wenn die Moderatoren zum Beispiel nach dem Wort ›Salzstreuer‹ eine kurze Sprechpause lassen, um dann ›innen‹ zu ergänzen. Die Anzahl der Islamistinnen aufseiten der Taliban beim Sturm auf Kabul war übrigens überschaubar …

Viele Begriffe lassen sich zudem gar nicht richtig gendern oder klingen so bescheuert, dass man sich ernsthaft fragen sollte, ob Gendern die Lösung oder eher das Problem ist. Der Bund der Deutschen Katholischen Jugend etwa hat nun endlich angeraten, dass ihr Oberboss, also quasi der Vorstandsvorsitzende der Kirche, nämlich Gott, auch mal gegendert werden müsse. Und die Katholische junge Gemeinde KjG hat sogar einstimmig beschlossen, dass Gott in ihren Dokumenten zukünftig mit einem Kreuz, also Gott+, geschrieben werden soll. Gott und Kreuz, dass passt ja ganz gut zusammen, wie ich finde. Allerdings mutet der vorgeschlagene Ausdruck »der*die Gott+« dann doch etwas seltsam an. Die Alternative wäre aus meiner Sicht, Gott mit Gendersternchen zu schreiben, da sich ›Gottplus‹ ausgesprochen doch sehr nach ›RTLplus‹ anhören würde, dem himmlischen Sender aus Köln.

Andererseits erinnert Gott* (also mit Sternchen) sehr stark an die Bretterbude damals in Bethlehem, über der ja auch ein Genderstern leuchtete, sodass man sich lieber fragen sollte, ob die Darstellung als alter grauer Mann mit langem Bart noch zeitgemäß ist. Zumal sich viele Rentner im Silverage-Alter sicher nicht göttlich fühlen, wenn sie in ihr Portmonee schauen. Aber Gott bildlich prinzipiell als Frau oder transsexuell dargestellt? Ich denke, da kommen wir auch nicht weiter.

Ich erinnere mich im Übrigen noch gut an einen kindlichen Nachmittag in einer kirchlichen Jugendgruppe 1987. Ich war elf Jahre alt. Wir waren mehrere Blagen und bekamen als Beschäftigungsmaßnahme die Aufgabe, doch mal ein Bild von Gott zu malen. 99 Prozent der Kinder malten »ihn« mit dem eben beschriebenen langen grauen Bart und als Mann im blauen Himmel sitzend, wie Kinder halt so ticken. Als Frau tauchte er gar nicht auf. Nur ein einziges Kind malte vollkommen geschlechterneutral einen dicken Aldi-Lkw auf einer Wolke. Auf Nachfrage des überraschten Jugendleiters, warum er denn ausgerechnet einen Lkw einer Supermarktkette zu Papier gebracht habe, antwortete mein Kumpel: »Weil Aldi dafür sorgt, dass wir immer was zu essen haben.« Nicht dumm das Kind, oder? Eine wahre Geschichte, die zeigt, dass man sich Gott nicht unbedingt gendergerecht vorstellen muss. Hauptsache, er hat genug PS. Und wenn in der katholischen Kirche dann noch eine Frau ans Steuer dürfte ...

Es gibt zudem viele Bereiche, in denen es auch gar keinen Sinn ergibt, alles zu gendern und auch weibliche Protagonisten noch mal extra hervorzuheben. Dummys beispielsweise, mit denen in der Automobilindustrie Crashtests gemacht werden, sind nach Angaben der Hersteller zu 95 Prozent männlich konzipiert, auch wenn entscheidende Körperteile, ähnlich wie bei einer Barbiepuppe, fehlen. Bis vor Kurzem kam niemand auf die Idee zu fordern, dass es mehr weibliche Dummys geben soll. Welche Frau will auch schon als Dummy betitelt werden? Immerhin macht man sich nun aber Gedanken darüber, Dummys auch weiblich zu konzipieren, da deren Größe und Körperform im Durchschnitt von den männlichen abweicht. Ob sie in der weiblichen Form dann Mummys heißen werden?

Okay, der Papst wäre in der weiblichen Form eventuell noch als Päpstin denkbar. Auch Kirchenoberhaupt wäre möglich. Aber was wird aus Bezeichnungen wie Bürgersteig,

Raucherpause oder Führerschein? Zumal die Begriffe Führerschein, Führerhaus und Entführer auch ein Stück weit nazistisch anmuten, wie wir im Hinblick auf unsere Geschichte behaupten könnten. Doch zum Thema Rassismusverdacht später mehr. Also, bitte mitschreiben, wie es, ohne den Begriff Führer*in zu verwenden, korrekt heißen müsste:

Das kidnappende Subjekt saß ohne Fahrerlaubnis in der Fahrgastzelle. Der geiselnehmende Mensch sagte mit verstellter Stimme: »Ich habe eine Ute und eine schlechte Nachricht.«

Ich schweife ab, zurück zum Thema Gendern. Auch der Artikel, der vielen Wörtern voransteht, macht es nicht einfacher. Wir sagen *der* Mensch, aber *die* Person. Ja, was denn nun? Und auch die Frage, warum es *der* Sieg, aber *die* Niederlage heißt, wird seit Kurzem ernsthaft als diskussionswürdig in Bezug auf die Genderdebatte gesehen.

Selbst lieb gewonnene Farben, die nicht selten stereotyp auf das Geschlecht hinweisen, geraten plötzlich vollkommen unmotiviert in die Kritik. Oder haben Sie je das pinkfarbene Kinderzimmer einer Jungenhorde gesehen beziehungsweise ein nicht Lillifee-rosa verseuchtes Spielzimmer eines Mädchens? Die Industrie leistet sicher ihren Beitrag dazu, dass Kinder schon früh nach der Geburt in ein Farbschema geschoben werden, das ihrem Geschlecht und deren Produkten entsprechen soll. Ob das stört, sollte jeder für sich selbst beantworten. Wenn das Kind sich bei der Identifikation mit einer rosa Prinzessin nun mal wohler fühlt als bei der mit Bernd das Brot, dann wird ihre Bude eben komplett in Pink erstrahlen und nicht in Matschbraun wie der Salon meiner Eltern in den achtziger Jahren.

In Erfurt zum Beispiel gab es vor dem ganzen Genderwahn für jedes Neugeborene zur Begrüßung vom Krankenhaus eine sogenannte Puffbohne aus Stoff. Das Markenzeichen der Stadt. Ein nettes kleines Accessoire, das Mädchen in Rosa und Jungen in Blau kostenfrei auf die Bettkante gelegt wurde. Abgeschafft! Zu klischeehaft in Bezug auf die Geschlechterdarstellung, war man sich sicher. Es musste zwar nicht das plüschige Etwas weichen, aber immerhin die nicht gendergerechte Farbe.

Stattdessen wird das kleine Begrüßungsgeschenk nun in Grün verschenkt. Immerhin die Farbe der Hoffnung! Auf dass man auf dieser Neugeborenenstation keine anderen Sorgen haben möge. Über den Namen Puffbohne hat sich übrigens in Erfurt noch niemand ernsthafte Gedanken gemacht. Ich halte »Freudenhausfrucht« übrigens für eine wesentlich korrektere Bezeichnung, ihr Früchte der Leiber, egal ob m, w oder d …

Oder schauen wir uns mal das Thema korrekte Berufsbezeichnung in Deutschland an. Der Lehrer, zum Beispiel, dessen Berufsbezeichnung ja nun politisch korrekt mit Lehrer*in oder die Lehrenden wiedergegeben werden müsste. Lehrkörper klang schließlich schon immer blöd. Der/die Lehrende oder die lehrende Person sind aber auch Blödsinn, da der Lehrende ja nicht permanent lehrt, sondern in der Regel vormittags – und abends höchstens noch den Hausmüll leert. Dann wäre es aber die Leerung des Hausmülls und nicht die Belehrung der zu Schulenden, die man früher Schüler nannte. Einzige Möglichkeit für ein sorgenfreies gendergerechtes Dasein eines Lehrers ist also, dass wir uns darauf einigen, dass die lehrende Person morgens lehrt und, wenn sie mit achtzig Sachen auf der linken Spur der Autobahn nachmittags nach Hause fährt, belehrt. Das machen Lehrende nämlich gern klugscheißerisch auch ganztags, genauso wie jetzt gerade der Schreibende dieses Buches.

Ich hatte mich mit meinen Eltern unterdessen verquatscht. Die Haare waren nur so halb rasiert worden, und Frau von Schmoller war inzwischen unter der wohlig warmen stromintensiven Dauerwellhaube eingepennt. Das Thema Gendern bot aber auch dermaßen viel Diskussionspotenzial, dass man sich Stunden hätte darüber auslassen, aber auch amüsieren können.

Als mein Vater als ehemaliger Wehrdienstleistender mir dann noch einen brandaktuellen Zeitungsartikel unter die Nase hielt, wonach die Bundeswehr die sogenannte Einmannpackung abschaffen werde, kamen bei mir sofort Assoziationen zum Thema dieses Buches hoch, da auch wir in Borsen zeitgleich zur Genderthematik mit dem Thema Frauen in Uniform in Berührung gekommen waren. Die nicht geschlechterneutrale und somit nicht mehr zeitgemäße Bezeichnung »Einmannpackung« für eine Notfallration deutscher Soldaten und Innen wäre sicher das kleinste Problem gewesen, in Bezug auf die skurrilen Ereignisse, die uns nun bevorstanden. Und alles nur, weil unsere Kommunalpolitik allen Ernstes auf die Idee kam, im Ort eine Polizeikaserne für niederländische Anwärterinnen bauen zu lassen …

Ich arbeite nun bereits seit gut zwei Jahren beim *Rundwurf*, dem kleinen Anzeigenblatt in Borsen, das sich aber immer anschickte, journalistisch auf der ganz großen Bühne mitzumischen. Und zumindest in Bezug auf unseren Ort und die umliegenden Gemeinden gelang das gar nicht mal so schlecht. Das hatte die Redaktion auch Tessa zu verdanken, meiner lieben Kollegin und Fotografin im grungigen Gothic Look, die nicht selten im entscheidenden Moment auf den Auslöser drückte und so die bizarrsten Situationen zielsicher als Foto festhielt.

Ich fegte also die drei Haare zusammen, die mein Vater mir abrasiert hatte, schmiss den Umhang wieder in die Ecke und verabschiedete mich von meinen Eltern und der lesenden Frau im Spiegel, Terromma von Schmoller. Die Reise in die Welt der Verbote und neuen deutschen Korrektheit konnte beginnen.

Kapitel 3

Von Mett-Imitat, holländischen Zauberflöten und Bordellbetreibern mit Frauenstellplätzen

Ein Tag später im Besprechungsraum des Rathauses von Borsen. Ich war mit Tessa pünktlich zur anberaumten Pressekonferenz erschienen, auf der diesmal Großes verkündet werden sollte. Eigentlich nannten wir meine Kollegin in der Redaktion alle »Tessa 8«, weil sie als Frohnatur gern lacht und jeder Fotograf den Spruch »Sonne lacht, Blende 8« kennt.

Die üblichen Pressekonferenzen bei uns im Ort bestehen meistens aus drei Journalisten, einem aufgeblähten Personalstab des Politbetriebs, also auch Assistenten und Sekretärinnen, und einer ganz zauberhaften ortsansässigen Metzgerei und deren Mitarbeiterinnen, die alle Anwesenden bis dato immer mit leckerem Essen versorgt hatten. Grund für die anberaumten PKs war nicht selten, dass der Bürgermeister euphorisch irgendwelche Kinkerlitzchen zu verkünden hatte, die unbedingt den Weg in die lokale Presse finden mussten, damit es überhaupt jemand wahrnahm. In der Regel nichts von großer Bedeutung für den Bürger.

Aus diesem Grund wurde dann auch die anwesende dreiköpfige Presseschar nicht selten mit einer riesigen Silberplatte voller Mettbrötchen ein wenig dahingehend korrumpiert, dass man bloß freundlich zu berichten habe. Das gelang in meinem Fall auch meist, aber natürlich nur, insofern es meiner Grundüberzeugung entsprach.

Tessa 8 lauerte mit ihrer Kamera schussbereit vor dem lang gezogenen Tisch, an dem die Politikprominenz des Ortes Platz nehmen würde. Hinter dem Möbelstück war eine große Skizze mit einem holländischen Wappen und der Grundrisszeichnung eines Gebäudekomplexes zu sehen. Tessa 8 hatte in Sachen stressige Großstadt, ebenso wie ich vor einigen Jahren, die Reißleine gezogen und war aufs Land emigriert. Es handelte sich bei ihr also quasi um eine Borsenerin mit Migrationshintergrund, bei mir eher mit Migränehintergrund.

Ich hielt mich im Raum etwas weiter hinten, nicht unweit der Mettbrötchen auf, die sich beim ersten Zubeißen aber – total untypisch für die großartige Schlachterei – wie Semmeln mit Bauschaumaufstrich anfühlten. Und während die Protagonisten der Pressekonferenz langsam im Raum erschienen und versuchten, Platz zu nehmen, erklärte mir eine junge Dame der Traditionsmetzgerei Säule den sehr gewöhnungsbedürftigen Brotbelag.

»Das ist veganes Mett-Imitat. Wir dürfen bei öffentlichen Veranstaltungen kein Fleisch mehr servieren, wegen des Klimaschutzes. Der Bürgermeister will da ein Zeichen setzen und die Leute zu veganen Alternativen, ähhh …«

Ich fiel ihr ins Wort: »Er will sie umerziehen!«

Die Dame lächelte und ergänzte: »Der Bürgermeister verbietet, irgendwas zu essen, das Augen hat.«

Ich schaute auf die Mettbrötchen: »Also, die Augen schauen mich recht unscheinbar an. Hätte man bei Mett nicht eine Ausnahme machen können?«

Die Fleischereimitarbeiterin betrachtete die Mettbrötchenhälfte genauer.

Und ich ergänzte nun: »Sagen Sie mal, was ist denn dann da stattdessen drin, wenn es kein beobachtendes Schwein ist? Das Mett sieht immerhin fast genauso aus wie echtes, auf das ich mich doch bei dieser PK genauso gefreut habe wie schon damals als Kind jeden Samstag bei meiner Omma. Die hatte die Zubereitung von Mett- und Leberwurststullen zur Perfektion getrieben.«

Die junge Dame schaute ebenso skeptisch wie ich, war aber dennoch sichtlich bemüht, mir ihr Brötchenbüfett mit Analogkäse, veganem Formschinken und Mett-Imitat schmackhaft zu machen. Es gelang ihr allerdings nicht, so viel kann ich vorwegnehmen.

»Also, Mett-Imitat besteht aus Tomatenmark, Zwiebeln und ein Paar Pülverchen, von Knoblauch über Paprika bis hin zu Pfeffer. Und als Basis dienen Reiswaffeln.«

»Reiswaffeln?« Ich legte das bereits in die Hand genommene Brötchen wieder dezent zur Seite und begründete das mit der Notlüge, nun den Teilnehmern der Pressekonferenz lauschen zu müssen. Ich hatte das Gefühl, das Mett-Imitat in meinem Mund wurde durch das Kauen mehr statt weniger.

Mett-Imitat aus Reiswaffeln? Mir kam das so ein bisschen vor wie Laminat in Steinoptik und Keramikfliesen, die ein Holzmuster eingebrannt hatten.

Nichts scheint heutzutage mehr das zu sein, für das es sich ausgibt. Warum bescheißt sich unsere Gesellschaft eigentlich jeden Tag ein bisschen selbst, schoss es mir durch den Kopf, während Tessa 8 vor den anwesenden Politikern ein erstes Blitzlichtgewitter losließ. Ich kann mir bis heute nicht erklären, warum man in dieser Welt auf etwas bewusst verzichten möchte, sich dann aber anschickt, die Alternative möglichst genauso aussehen zu lassen, als sei sie das Original. Das klingt ein bisschen nach China, das ja auch nicht selten bemüht ist, altbewährte Dinge optisch perfekt zu kopieren, sie aber so zu verändern, dass sie im Endeffekt nichts mehr taugen.

Bei Laminat in Fliesenoptik und Mettbrötchen-Imitaten geht es mir da nicht anders. Ich steh nun mal auf Originale. Bitte keine Coverbands, die Playback singen, keine Plastikkleidungsstücke, die wie Leder aussehen wollen, aber nicht warm halten, und auch bitte keine fünfzigjährigen Mütter, die vom Stil her wie ihre vierzehnjährigen pubertierenden Töchter rumrennen.

Ich plädiere daher für mehr Innovationen. Früher war vieles neu und unbekannt. Man hatte daher gar nicht den Druck, Dinge imitieren zu müssen oder so aussehen zu lassen wie etwas Altbekanntes. Bands mit neuen Sounds schossen aus dem Boden, man trug Kleidungsstücke aus natürlichen Materialien statt diese gehypte Funktionskleidung aus Synthetik, und eine reife Mutter war eine reife Mutter und sah auch voller Stolz so aus. Selbst mit Mettbrötchen in der Hand. Undenkbar, dass sich beispielsweise meine Eltern in den siebziger Jahren in einer verrauchten Kellerbar getroffen hätten und neben der Bommerlunderflasche ein Mettigel aus Reiswaffeln auf dem Tisch gestanden hätte: die Zwiebelstückchen optisch ähnlich aus einer zerborsten Heckscheibe eines Ford Capri darüber gestreut und die Zahnstocher im Mettigel aus Beton in Holzoptik. Die Gäste wären mit der Pulle Doppelkorn in der Hand direkt wieder rückwärts aus den sympathischen Kellerbutzen verschwunden.

Fleisch ist nun mal Fleisch, und ich esse Fleisch und freue mich auch jederzeit darüber, wenn ich es irgendwo in irgendeiner Form lecker zubereitet angeboten bekomme. Sogar auf Kosten des Steuerzahlers in einer Pressekonferenz. Da kann sich auch jeder Veganer gern mal eine Scheibe von abschneiden. Und ich habe auch nichts dagegen, wenn man die üblichen Büfetts oder das Warenangebot im Supermarkt dahingehend erweitert, dass man zusätzlich zur normalen Auswahl, wie wir sie aus unserer Frühzeit bei Omma kennen, auch neue Produkte, gern vegan, anbietet. Von mir aus auch Mett-Imitat aus Reiswaffeln und Tomatenmark. Wer es mag.

Ich plädiere allerdings dafür, dass man dann in Supermärkten für diese Kopien Nebenräume einrichtet, so wie wir es noch aus Videotheken kennen. Der berühmte Erwachsenenbereich, in den wir Kinder damals doch so sehr wollten, um ebenfalls nacktes Fleisch, zwar auch von kleinen Ferkeln, aber im Original zu bestaunen. Obwohl da bei einigen Pornodarstellerinnen sicher auch schon Plastik mit im Spiel war. Nein, im Ernst: Jeder Veganer kann und soll doch essen, was er mag. Aber bitte, liebe Industrie, hört auf damit, uns eingefleischten Steakfreunden Nahrungsmittel unterzujubeln, die nur so tun als ob, in Wirklichkeit aber nicht ansatzweise das sind, was wir mögen. Kopiert nicht Dinge, die ihr eigentlich verachtet oder zumindest nicht befürwortet. Schlachtet Fleisch, verkauft es zu Preisen, die dem Tier und dem Verkäufer würdig sind, und bietet gern vegane Alternativprodukte an, die all die kaufen, die eben keinen Bock auf tote Tiere haben.

Somit sind wir an dieser Stelle, wie oft in unserer Gesellschaft, beim »Sowohl-als-auch« und nicht, wie häufig in der neuen deutschen Verbotskultur, beim »Entweder-oder«. Die Diskussion um die berühmte Currywurst, die aus der VW-Kantine verbannt werden sollte, ist mir dabei noch im Ohr. Der Konzern hat damals die mehr als beliebte Mahlzeit ersatzlos vom Speiseplan der Mitarbeiter gestrichen und argumentiert, er wolle als Vorreiter dastehen und mit dieser Maßnahme den Klimaschutz fördern, da dann weniger Kühe auf der Weide rund um Wolfsburg furzten und das klimaschädliche Methan vermieden werde.

Ich fasse zusammen: ein Autokonzern, der ausgerechnet mit dem Verzicht auf Currywurst das Klima verbessern möchte. Eine tolle Idee. Eine mögliche Auswahl zwischen Fleisch und wurstartiger Nicht-Fleisch-Alternative wurde gar nicht erst angeboten. Das war dem Vorstand von VW, der im Bürostuhl sicher weniger Kalorien verbrennt als ein Mitarbeiter, der hart am Band schuftet und sich zum Mittag auf eine deftige Mahlzeit freut, total Wurst. Und mal ehrlich: Angenommen, es gäbe eine Kantinenauswahl, bestehend aus zwei optisch sehr ähnlichen Gerichten. Wie viele Malocher am Band würden sich dann wohl für das deutsche Kulturgut Currywurst mit Pommes entscheiden und wie viele für das Wurstimitat aus Reiswaffeln mit Pommes, die womöglich aus gelb gefärbten Kohlrabis zu Stäbchen geschnitzt worden sind.

Ich verzichte auf die Antwort und möchte Ihnen stattdessen nun endlich die Protagonisten der Pressekonferenz vorstellen. Da nach sechsmaligem Umsetzen nun jeder Hauptakteur seinen Platz am langen Tisch im Besprechungsraum gefunden hatte, konnte es nämlich losgehen.

Ganz links außen am Tisch saß die niederländische Polizeiinspektorin Annike van Veeman, die stellvertretend für die niederländische »Nationale Politie« anwesend war und mit ihrer Mimik direkt eine Stimmung verbreitete, als hätten die Holländer gerade beim Brettspiel Risiko Scheveningen an die Deutschen verloren. Sie war also die strenge Ausbilderin in dieser Politposse. Eine wirklich sympathisch wirkende Frau, die mit ihren knapp 1,90 Meter Körpergröße kasachische Kugelstoßerinnen um Längen übertraf, wobei dies aber nicht nur für die Körperlänge, sondern auch für die Schulterbreite galt. Wie man mir später sagte, wurde sie in ihrer Truppe nur »Miss Slager« genannt, was so viel wie »Frau Metzger« heißt, obwohl sie statt eines weißen Kittels eine dunkelblaue (nein Herrgott, keine orangefarbene) abzeichenbehangene Uniform unterhalb ihrer Undercutfrisur trug. So weit, so stereotyp. Vielleicht war ihr schlecht gelaunter Gesichtsausdruck aber auch nur eine Folge des Genusses von zwei Mettbrötchenhälften gewesen, dachte ich mir in Erinnerung an meine erste Frikandel 1986 in Venlo, die mir als kulinarisch unerfahrenem Kind ähnlich mundete.

Der Assistent des Bürgermeisters, Dr. Schredder, der unmittelbar rechts neben Miss Slager saß, räusperte sich nun in das Tischmikrofon, um seinen Chef anzusagen.

»… und zu meiner Linken unser sehr verehrter Bürgermeister Gustav Bartolomeo sowie neben ihm der vielen im Ort ja bekannte Bauunternehmer Herr Franz Sparbier, der sich freundlicherweise auch um die Grundrisszeichnungen gekümmert hat, die Sie hinter uns an der Wand sehen.«

Mir war der leicht in die Jahre gekommene Bauunternehmer Franz Sparbier bereits bekannt. Sparbier bestach dadurch, dass man ihn nach Zuzug in Borsen nicht persönlich kennenlernen musste, weil ihm stets ein gewisser Ruf bis in benachbarte Städte vorauseilte. Ich war durch meine Nichte Tamara Olm, die in seiner Firma eine Lehre gemacht hatte, schon mit lustigen Storys über ihn unterhalten worden, als ich noch in der Stadt lebte. Tamara war bei der Pressekonferenz ebenfalls anwesend und dazu verdonnert worden, sich um den ganzen Grundrisspapierkram zu kümmern, der altmodisch teilweise mit einem Overheadprojektor an die Wand geworfen wurde.

Meine Nichte und mein Neffe Benedikt lebten seit ihrer Geburt in Borsen, haben das Kaff nie verlassen und besaßen daher regelmäßig einiges an Insiderinfos, die ich für meinen täglichen journalistischen Alltag gut und gern verwendete. Sparbier war der Typ, dessen Foto man im Wörterbuch neben dem Wort Turbokapitalismus erwartete. Ein stämmiger, leicht selbstherrlicher Geschäftsmann vor dem Herrn, der sich recht wenig um angesagte Dinge wie Klimaschutz, Frauenquote oder Ausländeranteil kümmerte. Wichtig war nur zu sparen, ganz getreu seinem Nachnamen, und das erwirtschaftete Geld möglichst schnell zu verdoppeln. Hätte er nur einen Cent in der Tasche gehabt, er hätte ihn von unterbezahlten Leiharbeitern durchsägen lassen, um die doppelte Stückzahl Münzgeld in der Hand zu halten.

Und so war es selbstverständlich, dass Franz Sparbier dem Kettenhund des Bürgermeisters, Dr. Schredder, nonchalant in die Parade fuhr.

»Schredder, wenn ich an dieser Stelle mal das Wort ergreifen …«

»Doktor Schredder …!«, echauffierte sich der Assistent des Bürgermeisters. »Herr Sparbier, so viel Zeit wird doch sein.«

»Dann aber auch Baumogul Sparbier bitte«, konterte der ehemalige Gerüstbauer.

Der Saal lachte mit Mettbrötchenhälften und Holunder-Biolimonade in der Hand. Sparbier hatte, trotz seiner Proletenart, zumindest einen Humor an sich, der mir nicht unsympathisch war.

Der Baumogul ließ sich in der Folge von seinen Störungsversuchen aber nicht abhalten und schoss weiter dazwischen: »Ich freue mich also sehr, Ihnen heute die ersten Grundrisse präsentieren zu können, wie denn das Feldlager oder, sagen wir, die Lagerbaracken unserer holländischen Mädels aussehen werden.«

Nun platzte ein klein wenig entrüstet unser Bürgermeister Gustav Bartolomeo dazwischen. »Äh, Herr Sparbier, Lagerbaracken? Ich denke, dieser Begriff ist heutzutage nicht der passendste. Im Hinblick auf die Völkerverständigung mit unseren niederländischen Nachbarinnen … Es handelt sich um eine

Ausbildungskaserne für Polizeianwärterinnen. Man sollte schon darauf achten, wie man heutzutage was ausdrückt.«

Die holländische Polizeimatrone hatte zum Glück, trotz bester Deutschkenntnisse, nicht richtig verstanden, dass Sparbier ernsthaft von Lagerbaracken gesprochen hatte, und schaute einfach weiterhin genauso biestig wie schon zuvor. Praktisch, dachte ich mir. Wenn man mit gleichbleibender Miene durchs Leben geht, dann passt das sogar häufig an den Stellen, an denen man nichts versteht oder verstehen möchte. Daniel Craig hatte es schließlich auch geschafft, mit nur einem Gesichtsausdruck einen zweistündigen Bond über die Bühne zu bringen und zum Weltstar zu avancieren.

Damit Bauunternehmer Sparbier nicht noch die ganze Veranstaltung sprengte, übernahm Bürgermeister Bartolomeo nun endlich die Gesprächsführung. Bis auf das schmatzende Geräusch von am Gaumen klebendem Mett-Imitat wurde es nun mucksmäuschenstill im Raum.

»... und so hat die Landesverwaltung das Projekt ›Mauern bauen zur Völkerverständigung‹ ausgeschrieben. Wir in Borsen haben uns aufgrund der Grenznähe zu unseren niederländischen Freundinnen und Freunden natürlich nicht lange bitten lassen, diese ganz fantastische Idee aufzugreifen beziehungsweise umzusetzen. Die Tatsache, dass es sich um eine Ausbildungskaserne oder, sagen wir, Akademie für weibliche Polizisten, äh, Polizistinnen handeln wird, freut uns im Ort Borsen natürlich umso mehr, da auch wir hier im Rathaus es natürlich unterstützen wollen, dass die Frauenquote in, äh, vielleicht typischen Männerberufen ein wenig verbessert werden kann.«

Bartolomeo schien vergessen zu haben, dass es bereits seit über dreißig Jahren Frauen im Dienst der Schutzpolizei gibt –

wenn auch die Anzahl der männlichen Beamten sicher überwog. Ich war mir zudem sicher, dass unser Bürgermeister während seiner ganzen Lobhudelei auf seine eigene Behörde nur an den begehrten Landesverdienstorden dachte, den er mit dieser politisch korrekten Entscheidung herbeilotsen wollte: Vorreiter in Sachen Frauenquote zu sein, Völkerverständigung beziehungsweise eine damit verbundene Antidiskriminierungskampagne loszutreten und zusätzlich noch die Unterstützung der hiesigen Unternehmen. Das alles in einem Rutsch, das war nach dem Geschmack von Gustav Bartolomeo, unserem Oberboss in Borsen, der stets ein und dieselbe Krawatte mit Eigelbfleck trug. Daher war sein Spitzname im Ort »Der Hahn mit Eiern«. Dass es in seiner Stadtverwaltung hingegen nur einen Frauenanteil von knapp zehn Prozent gab, verschwieg Bartolomeo natürlich. Eine rein weibliche Police Academy war selbstverständlich eine schöne Angelegenheit, um diese Tatsache unter dem Teppich zu halten.

Schade ist nur, dass es bei allen narzisstischen Beweggründen, die in Deutschland die absurdesten Bauprojekte hervorbringen, in der Regel mindestens einen Widersacher gibt, der einem den schön ausgedachten Plan zunichtemachen möchte. Bei uns im Ort waren es gleich mehrere, von denen ich bis zu diesem Zeitpunkt aber noch gar nichts wusste.

Dr. Schredder, der Rehpinscher zu Füßen des Bürgermeisters, ging nun inhaltlich etwas mehr ins Detail.

»Wie Sie vielleicht schon bemerkt haben, haben wir, sozusagen als Testlauf, seit kurzer Zeit bereits mehrere Wohncontainer für die Zugezogenen auf unserem Schützenfestplatz aufstellen lassen …«

Elmar Blede, ein Journalist aus dem Nachbarort, platzte dazwischen: »Werden da Asylanten untergebracht?«

Das wiederum hatte die Ausbilderin Annike van Veeman, Miss Slager, erstaunlich gut verstanden und schaute entsetzt zu Dr. Schredder. Wahrscheinlich hatte sie unter dem Tisch bereits die Dienstwaffe auf ihn gerichtet. Ihr Gesichtsausdruck blieb finster wie zuvor.

Dr. Schredder antwortete: »Nein, nein! Es handelt sich bei den Wohncontainern nicht um provisorische Wohneinheiten für AsylbewerberInnen, sondern um eine vorübergehende Unterbringung für die ersten Anwärterinnen der niederländischen Polizeiausbildung. Die Vorhut sozusagen. Frau van Veeman kann uns dazu sicher gleich Genaueres sagen. Es ist auch eine ganz spezielle Truppe der niederländischen Polizei. Wir haben seit einigen Wochen zu, na ja, sagen wir Probezwecken das niederländische Polizeiorchester ›De Zauberflötjes‹ dort untergebracht. Fünfzig bezaubernde Damen mit ihren Instrumenten und tollen Stimmen. Sicher ist das für den Schützenverein bei uns im Ort nicht die beste Lösung, da der Platz ja bereits in wenigen Monaten für das doch so beliebte Schützenfest hergerichtet werden soll. Aber wir sind zuversichtlich, dass bis dahin der erste Bauabschnitt der Kaserne im Ortskern stehen wird. Nicht wahr, Herr Sparbier? Und die Schützen können dann, wie geplant, unsere beliebte Feier ohne die Wohncontainer auf dem Gelände abhalten.«

Ich machte mir aus blankem Entsetzen eine Biolimonade mit Litschigeschmack auf. Und während Tessa 8 Fotos der Polizeiinspektorin schoss, die nun Merkel-like ihre Mundwinkel noch mehr der Schwerkraft opferte, resümierte ich in Gedanken: »De Zauberflötjes«, ein niederländischer Polizeichor beziehungsweise Orchester, bestehend aus zunächst fünfzig Polizeianwärterinnen, wurde also in einer Nacht-und-Nebel-Aktion auf dem heiligen Boden unseres Orts, dem Schützenfestplatz, angesiedelt – in der Hoffnung, dass innerhalb von nur kurzer Zeit ein Bauunternehmer eine Polizeikaserne aus dem Boden stampft, die laut fragwürdigem Bauplan mitten im Ortskern entstehen soll. Und alles inklusive groß angelegtem Schießstand auf einer Freifläche, die nach Bebauungsplan ursprünglich mal als Minigolfplatz vorgesehen war. Was war das denn für eine selten bescheuerte Schnapsidee?

Das war Zündstoff für unsere Stadt. Ich mochte mir nicht vorstellen, wie die Schützen mit ihrem 99,9-prozentigen Männeranteil es finden würden, wenn die Mädels in einigen Wochen immer noch in ihren Containern sitzen und Tuba blasen würden. Zudem war der angedachte Platz für den Bau der Kaserne, mitten im Ortskern, auf dem sich neben einigen Geschäften wie zum Beispiel der Salon meines Vaters auch noch wenige Wohnhäuser und der Hundeübungsplatz befanden, sicher der dämlichste Ort, um eine Polizeikaserne entstehen zu lassen. Da würden sicher so einige Bewohner, die Geschäftsleute und vor allem die Umweltlobby etwas dagegen haben.

Ich lauschte weiter unserem Bürgermeister, der nun freudestrahlend noch einen draufsetzte.

»Und so ist es mir natürlich eine Ehre, dass wir bereits in gut vier Wochen sogar den Ministerpräsidenten hier bei uns im Ort begrüßen dürfen, der über die feierliche Grundsteinlegung hinaus den Zauberflötjes, also ich meine der Vorhut, na, Sie wissen schon, den ersten niederländischen Polizeidamen persönlich alles Gute wünschen wird. Die feierliche Begrüßungszeremonie auf dem Schützenfestplatz wird bereits morgen in die Vorbereitung gehen. Gibt es vonseiten der Presse bis zu dieser Stelle Fragen zum Bauprojekt?«

Ich trank den letzten Schluck Litschibrause aus und ging direkt kämpferisch investigativ, aber satirisch an die Sache heran. »Ja, meine Frage geht an Dr. Schredder und an Herrn Sparbier. Die geplante Baumaßnahme ist ja insofern speziell, als dass dort nur Frauen einziehen werden. Ist denn diesbezüglich bautechnisch auch an die nötigen Voraussetzungen gedacht worden, die eine solche geschlechterspezifische Wohnanlage in der heutigen Zeit mit sich bringt. Also zum Beispiel eine ausreichend große Anzahl an Frauenparkplätzen in unmittelbarer Nähe des Eingangs beziehungsweise zusätzliche Mülleimer für Menstruationsmüll in den Waschräumen?«

Mit dieser Frage hatte ich es nun geschafft, dass endlich der ganze Besprechungsraum totenstill wurde. Ich hatte die volle Aufmerksamkeit, vor allem von Miss Slager, die das doch nicht so einfache deutsche Wort »Menstruationsmüll« glasklar verstanden hatte.

Eine kurze Redepause setzte ein. Man hörte nicht mal das Zermalmen des Mett-Imitats – als Franz Sparbier plötzlich laut auflachte. »Ja, haha, die Vorgaben sind uns als Bauträger nicht unbekannt. Und dann die ganzen Rampen, die da gebaut werden sollen, als zusätzliche unnütze Schikane der Baubehörde.«

Ich notierte mir die Zutaten für Mett-Imitat auf meinen kleinen Block und fragte nach: »Rampen? Welche Rampen? Für Stunts mit Streifenwagen? *Cobra 11* in Borsen?«

Nun mischte sich Dr. Schredder wieder ein. »Nein! Herr Sparbier spielt sicher auf die besondere Bauweise an. Wir sind natürlich durch Baugesetze dazu verpflichtet, dass die ganze Kaserne barrierefrei entsteht.«

Sparbier warf ein: »Stufenfreie Rolltreppen für die Rollstuhlfahrer in dem zweigeschossigen Gebäude sind genauso im Bauplan gewünscht wie barrierefreie Bitterballen-Automaten, die aber aus Gründen des Tierwohls nicht für Kinder zugänglich nur in eineinhalb Meter Höhe angebracht werden dürfen. Lukrativ, aber ziemlich sinnlos«, wie Sparbier es auf den Punkt brachte.

Es ergaben sich Zusatzfragen. Ich notierte weiter. »Herr Sparbier, Ihnen liegen also Bauverordnungen vor, wonach Sie eine Polizeikaserne bauen sollen, in der sich auch Rollstuhlfahrer und Kinder wohlfühlen sollen?«

»RollstuhlfahrerInnen!«, polterte unser Bürgermeister dazwischen und ergänzte freundlicher: »Nun, ich denke, das geht jetzt zu sehr ins Detail. Freuen wir uns doch einfach darüber, dass wir demnächst in Borsen ein richtig dickes Stück Holland integrieren können. Nicht wahr, Frau van Veeman?«

Bartolomeo rückte mit dem Stuhl ein Stück weit zu Madame Metzger hin und grinste bis über beide Ohren, während Tessa 8 sich wie ein kleines Kind über die kuriosen Fotos freute.

Die Pressekonferenz war damit beendet. Die Metzgerei räumte von 50 belegten Brötchenhälften 49 halb angebissene wieder weg, und es brandete Gemurmel auf, wie man es sonst nur aus Endzeitfilmen von Roland Emmerich kennt, wenn der US-Präsident den bevorstehenden Meteoriteneinschlag gerade der Weltpresse verkündet hat.

Dr. Schredder kam auf mich zugestürmt.

»Äh, Herr Twilfer, also das Fass mit der Barrierefreiheit hätten Sie mal besser zugelassen. Sie wissen doch, dass wir bei jeder Baumaßnahme durch die Bauverordnung dazu verpflichtet sind.«

Ich wehrte mich. »Sparbier hat mit den Rampen angefangen. Wie viele Polizeianwärterinnen werden denn eigentlich auf einen Rollstuhl angewiesen sein? Mir war doch nur wichtig zu erfahren, ob auch alle Auszubildenden einen Frauenparkplatz direkt am Eingang bekommen. Es geht doch auch um den körperlichen Schutz der schwer bewaffneten Damen in den Abendstunden. Die Gleichstellung der Frau ist Ihnen doch auch wichtig, oder?«

Dr. Schredder gab kleinlaut bei. »Äh, jaja. Ich meinte ja auch nur, dass Sie in Ihrem Bericht am Mittwoch die Hauptthemen Völkerverständigung und Gleichstellung hervorheben sollten. Ich verlasse mich da auf Sie, Herr Twilfer. Sie wollen sich doch sicher auch zukünftig noch kostenfrei an unserem zauberhaften Büffet bedienen können, oder?«

Das hatte gesessen. Im Hinblick auf ein fehlendes Mittagessen aus Bauschaum im Reismantel würde ich natürlich dafür sorgen, dass der Bericht zu diesem sinnvollen Bauprojekt überaus positiv zu lesen sein würde.

Meine Nichte Tamara kam mit ihrem Smartphone in der Hand zu uns, um sich zu verabschieden. Ich bin immer wieder erstaunt, wie diese neue Generation junger Leute es schafft, durch die Welt zu irren, ohne irgendwo anzuecken oder sich auf die Nase zu legen, während der Blick auf dem Display des Smartphones weilt. Ob die Gehirne der jungen Smartphone-Junkies inzwischen mit Echolot oder GPS-Ortung arbeiten, unsere Teenies also ganz langsam zombiehaft zu Fledermäusen mutieren? Ich wusste es nicht, gab Dr. Schredder aber noch eine kleine Anekdote mit auf den Weg.

»Dr. Schredder, bitte achten Sie aber darauf, dass auf den Schildern ›Frauenparkplatz‹ steht und nicht ›Frauenstellplatz‹. Ein Bordellbetreiber aus dem Süddeutschen hatte sich vor zwei Jahren bei seiner Behörde beschwert, dass diese Beschilderung der Parkplätze vor seinem Rotlicht-Etablissement zu Verwirrungen führen könnte. Die Behörde musste daraufhin die Schilder ›Frauenstellplatz‹ wegen Diskriminierung der Huren wieder entfernen und austauschen.«

Dr. Schredder nickte eifrig und versuchte, wieder eine versöhnliche Stimmung zu verbreiten.

»Natürlich, Herr Twilfer. Wir haben schließlich kein Steuergeld zu verschwenden. Die Frauenparkplätze werden selbstverständlich korrekt beschriftet. Außerdem ist der Bauauftrag ja noch gar nicht endgültig an Sparbier vergeben worden. Aber das behalten Sie bitte für sich. Ich präferiere da eher eine viel kostengünstigere holländische Firma, die da noch mitmischt. Sehr wahrscheinlich werden die von mir empfohlen und dann den Bauauftrag bekommen. Die würden uns die Frauenparkstellplätze wahrscheinlich noch als Bonus oben draufpacken.«

Nun bekam Tamara, als Teil von Sparbiers Gehaltsliste, große Ohren. Instagram am Smartphone ade. Tamara schaute Schredder überrascht an. Schredder, der Vollpfosten, hätte das in Anwesenheit von Tamara mal besser nicht geäußert, wusste aber wohl nicht, dass sie bei Sparbier im Büro saß.

Die ganze hochstilisierte Debatte in Deutschland um das Thema Frauenquote, Sexismus in der Gesellschaft und Geschlechtergleichstellung kam mir indes so langsam hoch wie Reiswaffeln.

Tessa 8 stand mittlerweile mit gepacktem Fototäschchen neben uns. »Kai, haste schon die leckeren Mettbrötchen gegessen?«

Tessa stopfte sich den letzten Bissen ihrer Brötchenhälfte in den Mund. Ich zog sie Richtung Ausgang und verabschiedete noch schnell meine Nichte Tamara, die anwesenden Kollegen und die Damen vom Caterer.

»Tessa, ich glaube, ich muss dir gleich im Auto mal so einiges erzählen. Zu rohem Fleisch und zum Thema Sexismus in unserer Gesellschaft!«

Kapitel 4

Von Physikerpartys, postmenstruierenden Meerjungfrauen und der Entsorgung der Alten

Wir fuhren mit Tessas Auto zum Schützenfestplatz, um uns ein eigenes Bild vom Containerdorf zu machen, das dort seit wenigen Tagen den geweihten Boden der Schützengilde verstellte. Zudem war ich gespannt, was die Schützen davon hielten, dass nun ein holländischer Polizeichor sich anschickte, die heimische Blaskapelle des Vereins in den Schatten zu stellen.

Tatsächlich ging niemand davon aus, dass die Wohncontainer dort nur übergangsweise beziehungsweise wenige Wochen stehen würden, da in diesem Zeitraum in Deutschland keine einzige Baumaßnahme, ganz gleich, ob Hauptstadtflughafen oder Blechhütte für den Rasenmäher im Bundeskanzleramt, umgesetzt werden kann.

Wir stiegen in Tessas uralten schwarzen Twingo. Ein echter Retro-Traum von 1994: Verbrennungsmotor, Abgasnorm Euro minus 9, Kassettendeck und ein oranger Wunderbaum Pfirsich-Maracuja am Rückspiegel, direkt neben den beiden kultigen Stoffwürfeln baumelnd. Auf der Rückscheibe klebte ein halb entfernter Unheilig-Aufkleber vom Vorbesitzer, über den Tessa einen Sticker von Guns n' Roses geklebt hatte, der sich aber mittlerweile, ebenso verblichen wie sein Vorgänger, bei ungünstiger Sonneneinstrahlung wie »Guns heilig« las.

Schlimmer als die Ausstattung war hingegen die Tatsache, dass Tessa gut und gern zwei Schachteln Zigaretten am Tag rauchte und die Kurbeln der Seitenfenster im Leerlauf angekommen waren, sich also nicht mehr bedienen ließen. Wir behalfen uns regelmäßig, indem wir an jeder roten Ampel stereo querlüfteten, also für ein paar Sekunden gleichzeitig die Türen weit öffneten. Es sah dann meist so aus wie bei E-Zigarettendampfern, die ja im Auto auch gern für Smog-Alarm sorgen: Eine riesige Wolke suchte sich den Weg aus dem schwarzen Flitzer. Was zur Folge hatte, dass alle Fahrer der hinter uns stehenden Autos mit Feuerlöschern aus ihren Fahrzeugen sprangen, um uns zu helfen.

Ich muss dann wieder an meine Omma denken, die bei geschlossenen Wohnzimmerfenstern immer so stark geraucht hatte, dass der Haushaltsauflöser nach ihrem Tod dachte, er hätte das Bernsteinzimmer entdeckt.

Zum Glück hat meine Omma diese ganze Verboteritis in Sachen Kneipenrauchverbot und so weiter nicht mehr miterlebt. Ich hingegen werde auf das Phänomen zurückkommen.

Im Moment beschäftigte mich aber noch das Thema Gleichstellung in Deutschland, insbesondere im Hinblick auf die Frauenquote. Tausend Gedanken gingen mir durch den Kopf, das Ganze nahm mehr und mehr Fahrt auf. Ich kam regelrecht ins Sinnieren und ließ nun auch Tessa an meinen Gedanken teilhaben.

»Wer in Fraugottsnamen hatte dieses Thema eigentlich in den letzten Jahren so hochkochen lassen und uns Männern das Gefühl gegeben, dass, egal, was wir tun, alles irgendwie sexistisch ist. Nichts scheint mehr erwünscht oder gern gesehen, was früher überhaupt kein Problem darstellte. Können Frauen eigentlich auch sexistisch handeln oder eine Männerquote missachten? Ich blicke da mal ein wenig zurück.

Fakt ist doch zunächst mal, dass wir weltweit ein fast ausgeglichenes Verhältnis zwischen Männlein und Weiblein haben. Insgesamt 49,5 Prozent der Menschen auf diesem Planeten sind weiblich und, wenn ich das Thema Diversität nun nicht erneut bemühen möchte, 50,5 Prozent männlich. Auf jede Frau kommt also statistisch gesehen etwas mehr als ein Mann. Statistisch gesehen, ihr Ferkel. In Deutschland ist es genau andersherum, aber dennoch auch sehr ausgeglichen. In der Bundesrepublik sind 50,7 Prozent der Einwohner weiblich. Der liebe Gott, Sie wissen schon, der alte Mann mit Bart und Lkw, hat sich also anscheinend was dabei gedacht, als er Mann und Frau in fast gleicher Stückzahl erschuf. Okay, er hat sicher nicht an Studentenpartys im Fachbereich Physik gedacht, Scheunenfeste auf dem Dorf oder Briefmarkenbörsen in Hückelhoven, wo sich der Frauenanteil im Promillebereich bewegt. Aber im Großen und Ganzen hat die Evolution das schon ganz gut hinbekommen.

Ein paar Jahre nach der Grundsteinlegung des Menschen, sagen wir in den späten sechziger Jahren, hatte sich bekanntermaßen ein Frauenbild manifestiert, bei dem viele Damen eher Ach-du-lieber-Gott sagten, als zu tolerieren, dass es zwischen den Geschlechtern in Sachen Ungerechtigkeit so weitergeht. Während damals neben revolutionären Frauen wie Uschi Obermaier und meiner Omma noch schürzenbekleidete, dauerwellfrisierte Damen in Fernsehwerbespots begeistert ihre neue Einbauküche mit Herd bewarben, folgten in den siebziger Jahren die ersten Frauen mit dem Namen Alice und Emma sowie die Terromma Frau von Schmoller, um den Laden mal gründlich aufzuräumen. Es kam endlich mal Dampf in die unemanzipierte Hütte, und Protest machte sich in Deutschland breit. Es wurde den Herren der Schöpfung auf die Finger geklopft, und man stärkte die Frauenrechte.

So weit, so gut und zielführend, da die emanzipierte Szene der Kämpferinnen standhaft blieb und im Laufe der Jahrzehnte weltweit immer mehr Verbesserungen auf den Weg gebracht wurden, um Frauen gleichgestellt und gleichwertig in Erscheinung treten zu lassen. Wahlrechte beispielsweise sind sicher eine solche Errungenschaft. Das letzte europäische

Land übrigens, das bis dato kein Frauenwahlrecht ausgerufen hat, ist der Vatikan. Auf das Thema Frauenquote in der katholischen Kirche möchte ich an dieser Stelle allerdings nicht eingehen, da das Buch sonst dicker würde als *Krieg und Frieden* in der Extended Version.

Jeder Mensch, ob mit Wahlrecht oder ohne, ist gleich und hat das Recht, sich frei zu entfalten, egal ob Mann oder Frau. So sieht es auch das deutsche Grundgesetz vor. Problematisch wurde es aus meiner Sicht erst an einem Punkt vor knapp zehn Jahren, als Deutschland sich wie so oft anschickte, Hysterie walten zu lassen und alle Bereiche unserer Gesellschaft zu ächten, die nicht zumindest mit einem fünfzigprozentigen Frauenanteil gesegnet waren. Ganz weit vorn rangiert der berufliche Sektor, in dem ja gern argumentiert wird, es gebe zu wenige Frauen in Spitzenpositionen. Das mag bei vielen kleinen Unternehmen oder auch großen DAX-Konzernen so sein. Aber sollten Unternehmen nicht eher das Ziel haben, in seiner Führungsriege die besten Köpfe, ganz gleich, ob weiblich, männlich oder divers, zu vereinen? Dass hierdurch bedingt Ungleichgewichte entstehen können, ist doch selbstverständlich.

Wenn ein Großkonzern sämtliche Vorstandsposten mit Frauen besetzen würde, nur weil er diese für die besten hält, die das Unternehmen leiten können, dann würde sich wohl niemand beschweren. Umgekehrt ist das inzwischen allerdings nicht mehr erwünscht. Doch zwanghaft bundesweit eine Frauenquote einführen zu wollen, nur damit alle Firmen auf dem Papier dann exakt fünfzig Prozent Männer und fünfzig Prozent Frauen beschäftigen, führt sicher zu mehr Gleichmachung, aber nicht zu mehr Gleichstellung und intellektueller Qualität aller Mitarbeiter in Führungsetagen. Mehr Amazonen am Schreibtisch heißt nicht automatisch, dass man dadurch Umsätze wie Amazon erzielt. Außerdem ärgert es mich, dass die Debatte um die Frauenquote meist nur auf dieser hohen Ebene der Vorstände und Chefpositionen in Wirtschaft und Politik geführt und nicht konsequent weitergedacht wird, damit dann zumindest jeder Arbeitsplatz in Deutschland abwechselnd weiblich und männlich besetzt werden müsste. Viel Spaß, ihr Physiker! Hier lag der Frauenanteil 2005 übrigens bei fünfzehn bis zwanzig Prozent.

Stolz wie Oskar präsentierte die neue Bundestagspräsidentin Bärbel Bas den frisch zusammengestellten Wust an Abgeordneten, für den die Anzahl der Stühle im Bundestag erneut erweitert werden musste. Der Bundestag sei weiblicher, jünger und generell vielfältiger geworden. Das finde ich alles sehr löblich, zumal das mit großer Wahrscheinlichkeit automatisch passiert, wenn er dauerhaft voller und aufgeblähter wird. Mich hätte aber mehr die Formulierung gefreut: Der Bundestag ist aufgrund der vielen neuen Köpfe besser geworden, ganz gleich, ob da nun mehr Männer oder Frauen sitzen. Auch ein Mann kann sich ja für die Rechte von Frauen stark machen, und auch eine Frau kann politisch darüber entscheiden, was für Männer in diesem Land gut ist.

Frau Bas verschwieg zudem, dass es im Bundestagspräsidium derzeit nur einen einzigen Mann gibt – Wolfgang Kubicki von der FDP. Der zählt mit seinem Machogehabe allerdings für fünf, so wohl die gängige Einschätzung. Aus diesem Grund halte ich dieses ganze Quotending bis in die kleinste Klümpchenbude für nicht zielführend und für ein Bürokratiemonster, das seit einiger Zeit aus dem Ruder gelaufen ist. Wir sollten uns vielleicht mal generell davon freimachen, immer alles in Quoten, Inzidenzen und Tabellen begreifen zu wollen, statt den Menschen individuell mit seinen Fähigkeiten zu würdigen. Wenn wir nur darauf aus sind, überall in der Gesellschaft eine Quote herbeizuführen, bestehend aus Mann/Frau, Ossi/Wessi, fit/gehandicapt und deutsch/Migrant, dann schränken wir uns insofern ein, dass nicht die Besten der Besten das beruflich machen, was sie gut können, sondern zunächst die, die in eine bestimmte Gruppe fallen und eine Quote erfüllen.

Als Folge des Ganzen gibt es in diesem deutschen Bürokratentum auch einen sogenannten *Datenreport zur Gleichstellung von Männern und Frauen in der Bundesrepublik Deutschland*. Er erschien erstmals 2005 und zeigt detailliert die Teilhabechancen von Frauen und Männern in vielen gesellschaftlichen Themenbereichen auf. Eine Steilvorlage für viele also, an noch mehr Stellschrauben drehen zu wollen, um unser Land möglichst gleichgepolt und gleichgestellt in die Zukunft zu schicken. Die Physiker, mit einem Plus von vierzig Prozent Neuakademikerinnen in den letzten Jahren, sind da übrigens auf einem guten Weg …«

Tessa warf mir an diesem Punkt meiner Reflexionen eine leere Schachtel Zigaretten entgegen. Wahrscheinlich wollte sie mir damit zum Ausdruck bringen, dass auch sie Physik nicht allzu sehr interessierte und eher die Chemie gerade wieder Probleme verursachte. Wir lüfteten vor der Ankunft am Schützenfestplatz also erneut das Auto synchron und öffneten die Türen zur Nikotinentsorgung.

»Tessa, aber die Frauenquote, die ja für viele auch ein Hindernis im Alltag darstellen kann, ist nur ein Teil der ganzen Gleichstellungsdebatte. Viel bizarrer ist das, was sich seit vielen Jahren im Bereich des vermeintlichen Sexismus in diesem Land abspielt. Was da inzwischen alles nicht mehr erwünscht ist und als beschämend angesehen wird – sehr lustig.«

Ich holte tief Luft und quälte Tessa weiter mit bizarren Beispielen zum Thema Sexismus, es ließ sich nicht vermeiden: »In einem Freibad im Süddeutschen zum Beispiel hat man vor einigen Monaten die Holzstatue einer Badenixe aufgestellt. Du weiß schon, Arielle, die Meerjungfrau quasi, nur ohne Disney-Schmalz und vor allem ohne textiles Oberteil, also mit wetterimprägniertem, aber blankem Holzbusen. Eine Darstellung, die nicht ungewöhnlich ist, da es bereits Meerjungfrauen gab, als der Bikini, der BH und vor allem Disney noch gar nicht erfunden worden waren. Die Kopenhagener wissen mit ihrer Touristenattraktion der kleinen Meerjungfrau, wovon ich rede.

Dennoch scheint das einigen Zeitgenossen nicht gefallen zu haben, sodass man dort nachts über den Zaun ins Freibad stieg und die Holzfigur verhüllte. Immerhin wurde sie nicht direkt durch den Schredder gejagt. Die Leitung des Freibades hat sich dann letztlich dazu entschieden, die Oberweite der Nixe sauber abzukleben, sodass die hölzerne Frau mit Schwimmflosse nun mit getapten Titties in der Gegend rumsteht. Der Burkini war zwar nicht im Gespräch, aber daran sieht man doch, dass heutzutage jeder blanke Nippel regional verschieden Probleme verursachen kann. Ziemlich prüde Herangehensweise, oder?

Die Ostdeutschen, mit ihrer jahrelangen FKK-Kultur, hätten das vermutlich entspannter gesehen. Außerdem wäre im Falle einer unbedeckten Holztitte der Ausdruck splitterfasernackt wenigstens passend gewesen. Dass man eine Frau in Form einer Kunstfigur nicht mehr mit ihren weiblichen Attributen zeigen oder diese in den Vordergrund stellen darf, finde ich sehr bedenklich. Erst recht, wenn der Zusammenhang, wie im Falle einer Meerjungfrau in einem Freibad, durchaus gegeben ist. Pamela Anderson hätte als Rettungsschwimmerin im Skioverall wohl keinen Welterfolg gehabt.

Und auch die Wahl zur Miss Germany, die bis 2019 den standardmäßigen Bikini-Contest beinhaltete, hat sich in Sachen Sexismus gewandelt. Hier machte sich ebenfalls die Verboteritis breit, und es wurde zensiert. Laut Miss-Germany-Geschäftsführer (wie erhält man eigentlich so eine coole Berufsbezeichnung?) verzichte man nun auf den altbekannten Bikini-Contest, da man die Persönlichkeit der Frauen stärker in den Vordergrund stellen möchte. Dafür sei der Bikini-Contest nicht relevant gewesen.

Es ist auch sicher nicht relevant, in einem Contest zu prüfen, ob die Damen Laminat verlegen oder klingonisch sprechen können. Warum man aber nun alle Damen stärker verhüllen muss, nur um zu zeigen, dass sie auch Ausstrahlung, innere Werte und Persönlichkeit besitzen, erschließt sich mir nicht. Eine Frau im Bikini hat meiner Meinung nach dieselbe Persönlichkeit wie eine im Micky-Maus-Schlafanzug. Oder sie hat diese Persönlichkeit eben nicht. Es wäre verständlich gewesen, auf den Contest zu verzichten, wenn im Wettbewerb bis dato ausschließlich Tittenparaden stattgefunden oder jeder Wettbewerb in Sachen Posing auf nackte Haut abgezielt hätte. Aber so war es ja nicht. Bevor ihr euch also wieder freimacht – macht euch erst mal locker.

Ebenso verhält es sich mit hochhackigen Schuhen. Zeig mir doch nur einen Vorstandsvorsitzenden einer großen Firma, der sagen würde, dass eine Frau in Pumps nicht weiblicher aussieht als in Badelatschen. Es gibt keinen. Auch die Damen in der Welt der Entscheidungsträger würden dem wahrscheinlich zu einem hohen Prozentsatz zustimmen und das nicht mit dem Thema Sexismus in Verbindung bringen.

Dennoch hat sich die Vorstandsriege des Mars-Schokoladenkonzerns dazu entschieden, die beliebten M&M-Werbefiguren, ausgestattet mit Augen, Gesichtsausdrücken und Schuhen, umzugestalten.

Die Werbeträger sollen ›integrativer und einladender‹ werden, indem man die weiblichen M&Ms nicht mehr in Stöckelschuhen durch die Werbewelt tapsen lässt. Die weiblichen Figuren erhalten jetzt Turnschuhe, um, Zitat, ›Das Selbstvertrauen und das Selbstbewusstsein als starke Frau‹ widerzuspiegeln. Aha, sehr interessant. Ist nicht gerade diese Ansicht in Bezug auf eine Frau mittelalterlich? Gerade das Gefühl der Weiblichkeit und der Griff zu dieser die Weiblichkeit betonenden Kleidung, inklusive Schuhe, sorgen doch dafür, dass sich viele Frauen selbstbewusster, da weiblicher fühlen. Sicher nicht alle, aber doch viele. Auch an diesem Punkt wird also wieder gleichgepolt, frei nach dem Motto: Ihr könnt auf diesem Planeten nur alle Vorurteile gegenüber Männlein und Weiblein abschaffen, wenn ihr alle gleich ausseht und gleich angezogen seid.

Die Schokolinsen sollen zudem weitere Farben und Größen erhalten. Man wolle, Zitat: ›Mehr Respekt für die Vielfalt der Körperformen schaffen‹.

Okay, liebe Schokoladenkonzerne. Dann macht euch aber bitte auch ehrlich. Wenn die Medien schon behaupten, dass ihr dafür verantwortlich seid, dass Millionen Süßkram-Junkies, egal ob in Stöckelschuhen oder Turnschuhen, durch eure Zuckerbomben aussehen wie bunte Fußbälle, dann zeigt bitte eure Werbefiguren demnächst auch adipös mit hängenden Fettlappen an der Flanke sowie mit karieszerfressenen schwarzen Zähnen. Zeigt dann auch bitte alle möglichen Körperformen, die sich ergeben können, wenn man permanent Schokodrops in sich hineinschaufelt und nachher Klumpfüße hat, die ohnehin in keine Pumps mehr passen würden. Dann nehme ich euch eure Fürsorge auch ab und akzeptiere sogar weibliche Werbefiguren in Thrombosestrümpfen.

Die Sportartikelfirma Adidas wiederum hat ähnliche Erfahrungen mit dem Thema des vermeintlichen Sexismus in der Werbung gemacht, womit wir wieder zurück beim blanken Busen einer Frau wären. Auch in diesem Fall wollte der Konzern mit der Brechstange versuchen, das Thema Diversität und weibliche Attribute fern jeden Schönheitsideals in den Vordergrund zu rücken, und platzierte 25 sehr verschiedene nackte Frauenoberkörper auf einem Plakat, um zu promoten, dass es Sport-BHs nun in zahlreichen verfügbaren Größen gibt. Somit müsse man keinem Schönheitsideal hinterherlaufen, und der Konzern werde den Maßen jeder Frau gerecht werden, ganz egal, wie formschön oder nicht ihr Busen nun gestaltet sei.

Man wollte mit dieser Aktion also zwei Fliegen mit einer Klappe schlagen. Zum einen zeigen, wie divers man doch in der Werbung auftritt, da selbstverständlich alle Hautfarben, alle Körbchengrößen und alle Brusttypen vom Typus Medizinball bis hin zum Modell Gartenschlauch abgebildet wurden. Zum anderen wollte man das klassische Schönheitsideal aushebeln, wonach eine Frau nur dann einen gut sitzenden Sport-BH tragen kann, wenn sie eine entsprechend gut geformte Brustpartie hat.

Das Echo in den aaaah-sozialen Medien ließ natürlich nicht lange auf sich warten und war hochgradig zwiegespalten. Die Männer hielten sich vorsorglich zurück, da sie sich auf jeden Fall in die Nesseln setzen würden, ganz egal, ob sie einen Haufen blanke Brüste in der Werbung nun gut finden würden oder nicht. Die Frauen hingegen lobten zum einen, dass man einen Sport-BH in diesem Fall mal nicht mit den typischen durchgestylten Frauenmodels bewarb. Andere wiederum fragten sich, warum man denn nicht auf die tolle Idee gekommen sei, die Models mit den entsprechenden BHs gekleidet zu zeigen, und kamen mit der Sexismuskeule. Sie fragten zudem, wie denn die passende Werbekampagne für Männerschlüpper ausgesehen hätte. Schließlich haben Männer ja untenrum auch mal mehr und mal weniger zu bieten.«

Ich machte eine Pause und holte mir einen stöckelschuhfreien Apfel aus meiner Umhängetasche, zog mir meine Hose zurecht und schaute aus dem Seitenfenster auf die weite Prärie der Felder von Borsen.

Tessa fuhr nun auf die rumpelige Zufahrt zum Schützenfestplatz und erzählte mir eine ebenso lustige Anekdote: »Wusstest du eigentlich, dass es für einige Damen schon sexistisch klingt, wenn sie verbal als Frau oder gar Mutter verunglimpft werden? Auch hier ist das Gendern sicher ein Thema, aber vorrangig wird behauptet, dass der Begriff ›Frau‹ zu sehr das Weibliche betone und somit andere Geschlechter ausgrenze beziehungsweise es stigmatisierend wirke, wenn ich eine Frau als Frau bezeichne. Krass, oder?

Der Begriff Frau klingt also zu weiblich in der heutigen Zeit? Ja, wir Mädels haben es schon schwer. Der Vorstoß dazu kam tatsächlich aus dem prüden Amerika. Die US-Demokraten schlugen vor, aus dem Begriff ›Frau‹ eine ›menstruierende Person‹ zu machen und aus der Bezeichnung ›Mutter‹ eine ›gebärende Person‹. Ist das nicht toll? Es stellt sich natürlich die Frage, was dann aus der Frau wird, wenn sie irgendwann mal nicht mehr menstruiert. Soll es ja geben im Alter. Wie müsste man sie dann titulieren? Ich freue mich schon auf die zahlreichen fünfzigjährigen Söhne, die zukünftig ihre Eltern bei der Anmeldung im Seniorenheim so vorstellen: ›Das ist die exmenstruierende, mich gebärende Person und das der lebenslang begleitende stehpinkelnde Mensch, der nie die Brille hochgeklappt hat.‹ Vom Begriff Vater oder Mutter will dann halt keiner mehr was wissen.«

Auch ich echauffierte mich weiter.

»Und, Tessa, eine Mutter bleibt doch ein Leben lang eine Mutter, auch wenn sie die Geburt hinter sich gebracht hat, oder? Sie kann ja schlecht eine ewig gebärende Person sein, wenn sie nicht gerade Wollny heißt. Und auch der Begriff ›Muttermilch‹ soll nun passend dazu in ›Menschenmilch‹ umbenannt werden. Ich frage mich auch hier, wozu das nötig ist, da Väter das Kind doch eher selten stillen. Zumindest bliebe es danach durstig und würde Schmatzlaute im Sprachgebrauch ausbilden.«

Tessa knüppelte den leicht hakigen vierten Gang rein und gab auf dem matschigen Feldweg noch mal richtig Gas, wahrscheinlich, um das Thema endlich hinter sich zu bringen.

Es ist heutzutage verdammt schwierig geworden, einer Frau, also vor allem einer, die noch nicht gebärt, äh, gebohrt …, geboren hat, ein nettes Kompliment bezüglich ihres Aussehens oder ihres Körperbaus zu machen. In der Jungsteinzeit meiner Eltern, in den späten sechziger Jahren, war es gang und gäbe, dass man als Mann einer Frau ein Kompliment gemacht hat, wenn man sie toll fand oder einfach nur Eindruck schinden wollte. Das tat man sogar, wenn die Dame aussah wie Godzilla. Man hat sich da auch gar keine Gedanken gemacht, ob das bei der Frau gut ankam oder verstörend auf sie wirkte und sie sich gar sexistisch bedrängt fühlte. Entscheidend war eher die gute Absicht, auch wenn ein Mann zugegebenermaßen gut darin ist, es manchmal etwas bescheuert auszudrücken.

Okay, der Tonfall hat sich vielleicht geändert. Früher sagten kultivierte Männer noch Dinge wie: »Sie sehen ganz bezaubernd aus« oder: »Ihre Oberweite mutet an wie ein Jahr lang Weihnachten feiern«. Nicht so wie heute: »Geiler Arsch, Chica!« Da muss man sicher unterscheiden. Aber viele Männer trauen sich ja heutzutage gar nichts mehr zu sagen, um einer Frau Avancen zu machen.

Angefangen hat alles mit dem FDP-Urgestein Rainer Brüderle 2012, der in lockerer Atmosphäre einer Journalistin entgegengebracht hat, dass sie auch ein Dirndl gut ausfüllen kann. In Bezug auf Brüderles damaliges Alter hätte man sicher auf simplen Altherrenhumor kommen können, aber stattdessen wurde medial ein Riesending daraus gemacht. Meine Omma hätte in ihrer Zeit eher gekontert, dass Brüderle hingegen mit seinem Bauch in keine Lederhose passen würde, und damit wäre die Sache zur damaligen Zeit auch beendet gewesen. Man hätte sich stillschweigend »Du Volltrottel!« gedacht, aber es nicht als sexistischen Weltuntergang gesehen, wenn ein Mann einmal (und nicht regelmäßig) so einen flapsigen Spruch raushaut, ohne vorher nachzudenken. Selbst dann, wenn er in der Öffentlichkeit steht und ein politisches Amt bekleidet. Viel schlimmer ist es aus meiner Sicht, wenn man als Mann eine eher im Bauchbereich füllige Frau fragt, wann das Kind denn komme, und die Frau erwidert, dass sie gar nicht schwanger sei. Ist mir schon passiert. Sehr peinlich, aber auch nicht sexistisch.

Mit der Brüderle-Affäre waren aber offenbar die Dämme gebrochen, und ab da, schien es, war alles, auch das, was nur als Kompliment gedacht war, in den Augen vieler purer Sexismus.

In einem Zeitalter, in dem sich Paare ohnehin nur noch über das Internet kennenlernen, ist es als Mann zudem generell nicht so einfach, ein gut gemeintes Kompliment rauszuhauen, da sich vieles anders liest als anhört, wenn man es live ausspricht. Man kann etwa schreiben: »lautlos lachen«. Man kann aber auch schreiben: »laut loslachen«. Beide Aussagen beschreiben das genaue Gegenteil. Genauso verhält es sich bei einem Kompliment im Netz. Wenn ich bei Elitemacho einer Singlemutter mit Kind schreibe: »Der Junge sieht dir ungeheuer ähnlich«, dann wird frau das vielleicht noch als Kompliment deuten. Wenn ich aber schreibe: »Der Junge sieht dir Ungeheuer ähnlich«, dann wird die Dame weitersuchen, und deine Reise ist an diesem Punkt zu Ende.

Ein einziger Buchstabe, klein- oder großgeschrieben, macht also den Unterschied zwischen Kennenlernen und Single-Dasein. Als Mann plädiere ich daher dafür, lieber an einem Samstagmittag in eine Drogerie zu gehen. Hier ist die Frauenquote so was von ungerecht verteilt. Tausende Frauen, die ohnehin alles mitnehmen, was sie nicht brauchen, tummeln sich dort. Da kommt es auf einen neuen Partner auch nicht mehr an. Alternativ funktioniert auch die Teelichterabteilung in Möbelhäusern.

Spannend ist zudem, was der Deutsche Werberat jedes Jahr an sexistischen Vorwürfen überprüfen und abarbeiten muss. Da ist die deutsche Verboteritis nämlich schnell bei der Sache. Die Firmen lassen sich ja gern mal Werbeplakate einfallen, die zwar auf den ersten Blick durchaus lustig erscheinen, aber vielen Frauen zu weit gehen und als nicht akzeptabel eingestuft werden.

Wenn beispielsweise eine Heizungsfirma auf einem Plakat mit dem Slogan »Wir entsorgen ihre Alte!« wirbt, dann ist das absolut unbedenklich. Problematischer wird es laut Deutschem Werberat erst dann, wenn zusammen mit dem alten Boiler eine leicht bekleidete junge Frau abgebildet ist, die sich womöglich noch lasziv auf dem ollen Trümmer rekelt. Das Bild muss heutzutage zum beworbenen Artikel passen, sonst gibt es Probleme. Wenn Sie also eine Dienstleistungsfirma für die professionelle Entführung von Ehefrauen beim Amtsgericht eintragen, dann dürfen Sie neben dem Hinweis auf die Entsorgung auch mit einer bekleideten Frau auf dem Plakat werben. Dann allerdings ohne Heizungsboiler, da sich sonst das Sanitärgerät diskriminiert fühlt. Wenn Sie einfach nur stinknormale Bikinis oder Unterwäsche verkaufen wollen oder im Nachbarort einen Puff betreiben, dann können Sie eventuell auch mit einer halb nackten Frau werben, ohne Ärger mit dem Werberat zu bekommen. Allerdings passt dann der Werbespruch nicht mehr so ganz dazu.

Aber auch umgekehrt, in Bezug auf das männliche Geschlecht, ist sexistische Werbung inzwischen existent und verpönt. Wenn nämlich eine Pharmafirma ihr neues Kopfschmerzmedikament bewirbt und angibt: »Zuverlässiger als die meisten Männer«, dann kann man auch das unter Sexismus abstempeln.

Nicht zuletzt hat auch die gute alte deutsche Witzkultur unter der Maulkorbpflicht bisher schon merklich gelitten. Klar, auch früher gab es ziemlich flache Witze, die sich mit Gleichstellung befassten. Aber für morgens um fünf, wenn man in den neunziger Jahren besoffen mit einer Flasche Kleiner Feigling (erinnern Sie sich noch?) unter dem Tisch lag, waren sie okay.

Mal ein Beispiel des Altherrenhumors: Ein Mann geht mit seiner Frau über den Markt. An einem Melonenstand hängt ein Schild: IMPORT. Die Frau fragt ihren Gatten: »Was heißt das?« Der Mann antwortet: »Die werden eingeführt.« Und die Frau sagt: »Ach, und ich hätte die jetzt gegessen.«

Zugegeben, es gibt bessere, aber auch schlechtere Witze. Ebenso wird es Leser und auch Innen geben, die jetzt gelacht haben – und andere nicht. Und das, obwohl der Witz nicht nur sexistisch ist, sondern die Frau als Blödchen darstellt. Es kommt also immer auf das Maß der Empörung an, inwieweit wir etwas zunächst mal Lustiges dann doch als empörend und sexistisch abtun. Oft ist es auch ein Reflex, dass man zunächst über etwas lacht, was einem dann aber doch im Hals stecken bleibt, sobald das Großhirn das Zwerchfell in den Griff bekommen hat.

Häufig entstehen solche anrüchigen Witze auch aus dem Alltag heraus, ohne dass man was dazu kann. Ich wurde beispielsweise neulich am PC mal wieder zur Eingabe eines Passwortes genötigt. Mir fallen nur keine sinnvollen Passwörter mehr ein, da ich inzwischen den Duden schon fünfmal durchhabe. Also gab ich in meiner Wut darüber einfach trotzig »Penis« ein, ohne mir dabei was zu denken. Nachdem ich Enter gedrückt hatte, verhielt mein PC sich mir gegenüber sexistisch. Er blendete ein: »Passwort zu kurz«. Ja, ich bitte Sie. Wenn das nicht sexistisch, diskriminierend und sehr peinlich zusammen ist, dann weiß ich auch nicht weiter. Und wenn ich einer Frau sage, dass ich nichts Festes möchte, gleichzeitig aber total unbeabsichtigt auf ihre Oberschenkel schaue, dann kann das doch passieren, ohne dass man gleich als unverschämt abgetan wird.

Entscheidend ist aus meiner Sicht in vielen Fällen das Empfinden des Gegenübers und nicht die vermeintlich böse Absicht des Sprechers, der es meistens gar nicht böse gemeint, sondern sich einfach nur blöd ausgedrückt hat. Wenn ich erwähne, dass acht Zentimeter durchaus reichen, um eine Frau glücklich zu machen, dann läuft bei vielen Emanzen bereits das Kopfkino auf Hochtouren. Man rüstet sich für den Rundumschlag. Wenn ich aber dann ergänze, dass es egal ist, ob auf den acht Zentimetern VISA oder Mastercard steht, dann ist die weibliche Welt, auch die der Emanzen, meist wieder in Ordnung. Sexismus fängt also häufig im Kopf des Hörers an und nicht immer mit einer bösen Absicht.

Was das Thema als solches angeht, ist das Empfinden in diesem Land in den letzten Jahren also sicher viel sensibler geworden. Trotzdem sollte man sich, wie ich finde, überlegen, was man verbal welchem Menschen zutrauen kann. Auch hier gilt: Die Dosis macht das Gift. Die meisten Männer wollen ja nur mit Komplimenten und Flirts spielen und beißen nicht gleich. Wird seitens der Männer aber ungefragt angefasst und getätschelt, beziehungsweise laufen Flirts in Richtung Nötigung oder gar Beleidigung, so befinden wir uns eindeutig im Bereich des Sexismus, der auch geahndet werden muss. Die meisten Frauen wollen eben nicht angefasst, sondern lieber berührt werden – am besten emotional. Bei YOU und bei ME TOO.

Tessa hatte nun endlich geparkt. Nicht auf einem Frauenparkplatz, dafür mitten im tiefsten Matsch des total umgepflügten Schützenfestplatzes, der in normalen Zeiten und zum jährlichen Schützenfest sauber gemulcht ist, derzeit aber an eine Großbaustelle erinnerte, auf der nun fünfzehn Wohncontainer standen.

Nach dem Aussteigen stellte ich fest, dass weiße Sneaker

und das Landleben einfach keine Freunde mehr werden. Ich stand knöcheltief in irgendwas und wurde mit Tessa unmittelbar Zeuge einer interessanten Szene, die sie einfach mal ungefragt auf Foto festhielt.

Ein Mann mittleren Alters stand mit einer laufenden Motorsense vor der Tür eines der Wohncontainer und schrie lauter, als der Motor des Gartengerätes brummte.

»Hört verdammt noch mal auf zu singen, ihr blöden Kühe! Und hört mit dem Geklampfe auf, ihr provokanten Mistviecher. Wir sind doch hier nicht bei *Asterix*.«

Tessa und ich dachten zunächst an einen Landwirt, der wahnsinnig gewordene Bullen zur Einsicht bringen wollte, aber anscheinend ging es auch in diesem Fall um die Niederländerinnen, die anfingen, sich in den Wohncontainern zu akklimatisieren. »De Zauberflötjes« hatten nämlich Chorprobe, und passend zum tiefen Brummen der Motorsense hörten wir liebliche Damenstimmen in Verbindung mit wohlklingenden Instrumenten.

Wir matschten zum Geschehen hin. Der Mann, vermutlich ein Mitglied des Schützenvereins, schaltete die Sense aus.

»Die kassier ich mir, die Tulpenzwiebeln.«

Im selben Moment bog ein Trecker mit Mistgabelaufsatz um die Ecke, der ebenfalls gegen die tapferen Gallier aus Holland ins Gefecht zog.

»Warte, Brauner, ich heb denen die Küche weg. Das zieht mehr als deine Sense.«

Wie wir erst jetzt erkennen konnten, handelte es sich beim Sensenmann um Tillmann Dorp, den Schützenkönig des vergangenen Jahres, den viele hier im Verein aber nur Brauner nannten, was nicht an seiner Haarfarbe lag. Dorp war ein Paradebeispiel für den leicht reizbaren Vereinskumpel, der sich immer bemüht zeigte, die Dinge im Reinen zu halten und, falls dies nicht mehr der Fall war, diesen Umstand mit allen Mitteln wieder herbeizuführen.

Tessa zündete sich eine Zigarette an und genoss es zusehends, fotografisch zu dokumentieren, wie der Alterspräsident des Schützenvereins nun damit begann, den Küchencontainer per Gabelstapler von den Wohneinheiten zu entfernen.

»Peter, fahr das Ding direkt vors Rathaus, damit die Honks das endlich begreifen.«

Es war unschwer zu erkennen, dass die *Ekal-Brüder 1904*, so der korrekte Name des Schützenvereins, nicht begeistert von den neuen Gästinnen waren. Die niederländischen Cops, die sich nun seit Kurzem auf dem Gelände befanden und fröhlich vor sich hinmusizierten, während der *Ekal* (Ewig knallt am längsten) bereits in die Planungen für das bevorstehende Schützenfest hätte einsteigen müssen.

Ich zückte meinen kleinen Block und ging todesmutig auf Tillmann Dorp zu, der inzwischen damit begonnen hatte, neuen Sprit in die Motorsense zu kippen.

»Hallo, Herr Dorp. Sie erinnern sich sicher noch an mich«, stellte ich mich etwas unkonventionell vor. »Ich habe Sie doch damals porträtiert, als Sie beim Traktorrennen 2018 den dritten Platz gemacht haben.«

Dorp schaute mich an, als sei ich Frau Antje mit Machete in der Hand.

»Äh, ja, ich erinnere mich. Wollen Sie über den ganzen Mist hier mit den Containern auch berichten? Die Weiber haben uns gestern gefragt, ob sie bei uns im Vereinsheim einmal die Woche Yoga machen dürfen, da die Container zu klein seien. Ich sag Ihnen eins: Wenn die Container hier nicht bis zum Schützenfest weg sind, dann gibt's 'ne Revolte im Ort.«

Ich musste Dorp leider enttäuschen.

»Hat man Ihnen denn noch nicht gesagt, dass in vier Wochen sogar der Ministerpräsident vorbeischaut, um den holländischen Polizeichor in NRW zu begrüßen?«

Dorp, Alterspräsident Peter Gullip und offenbar auch der Rest vom Schützenverein waren darüber nicht informiert worden.

Dorp schraubte die Tankkappe des kleinen Motors wieder zu.

»Ich frage mich, warum man unsere Tradition hier mit Füßen tritt, nur damit der Bürgermeister sich profilieren kann, auch endlich mal Asylanten im Ort aufgenommen zu haben. Der hat die Container doch hier nur aufstellen lassen, weil wir fließend Wasser haben.«

Ich widersprach Dorp und sagte, dass die Container nur auf dem Schützenfestplatz gestrandet waren, weil auf dem eigentlichen recht schmalen Baugelände in der Ortsmitte nun mal unter anderem zahlreiche Wohnhäuser und Geschäfte standen. Da war der weitläufige Schützenfestplatz außerhalb des Zentrums für die Schnapsidee des Bürgermeisters wohl das kleinere Übel gewesen.

Dorp schmiss erneut die Motorsense an. Ich brüllte nun etwas lauter und gab zu bedenken: »Na ja, und einen Asylantrag haben die holländischen Zauberflöten ja noch nicht gestellt. Aber wenn die sich von einem böswilligen Diktator verfolgt fühlen, wer weiß …«

Dorp verstand die Doppeldeutigkeit nicht und ließ nicht locker.

»Die Tanten kommen hier weg und fertig. Soll der Ministerpräsident doch da seine Rede halten, wo die Kaserne letztendlich auch hinkommt – in der Ortsmitte. Wovon ich allerdings auch nicht viel halte. Die wollen dann da unseren schönen Hundetrainingsplatz plattmachen, damit dort zukünftig Schießtraining gemacht wird. Und wo sollen wir unsere Kampf-, äh, Jagdhunde dann ausbilden?«

Ich blickte mich um und sah, soweit meine Augen es zuließen, nur platte grüne Wiese. Ob das einem Jagdhund als Auslauf reichen würde? Ich schwieg.

»Herr Dorp, die Damen haben ja jetzt schon gefordert, dass in der Polizeikaserne auch ausreichend Proberäume und Umkleidekabinen vorhanden sein müssen. Glauben Sie denn nicht, dass das die Baumaßnahme im Ortskern noch mal zusätzlich verlangsamt und Sie eventuell noch über Monate hier den Platz mit den Polizistinnen teilen müssen?«

»Wir teilen in diesem Land gar nichts! Das ist unser Truppen-, also Schießübungsplatz. Hier hat die holländische Polizei nix zu sagen. In einem Monat sind die Tulpenzwiebeln hier weg, sonst schütten wir dem Bartolomeo Gülle vor die Haustür. Und jetzt lassen Sie mich hier weiterarbeiten. Anders verstehen es die johlenden Weiber ja sonst nicht.«

Dorp marschierte erneut auf den Wohncontainer zu und bedrohte nun eine Polizeianwärterin, die ans Fenster gekommen war und wiederum lautstark mit einer Posaune in der Hand Dorp bedrohte, während der permanent seine Sense aufheulen ließ. Ein zauberhaftes Bild, wie ich fand. Ich malte mir aus, wie es wäre, wenn jetzt noch der Ministerpräsident mit holländischer Polizeimütze auf dem Kopf dazwischenstünde und zu beschwichtigen versuchte. Eine spannende Zeit stand uns in Borsen bevor.

Tessa und ich hatten genug gesehen und gehört und machten nun erst mal Feierabend, um die ganzen Erlebnisse sacken zu lassen.

Kapitel 5

Von Schnitzeln nach Art des fahrenden Volkes, Fridays für Knutscher und Kirchenasyl im Mehrfamilienhaus

Einen Tag später in der Redaktion. Tessa und ich saßen zusammen mit unserem Chefredakteur Gotthilf Bunsen zusammen. Die Redaktionsräume waren Teil einer Art Mini-Medienzentrums, zu dem auch ein kleines Lokalradiostudio, die Ortsbibliothek und ein seit Langem kaputter Snackautomat gehörten, in dem noch Raider-Riegel und Fanta-Mango-Flaschen aus der Frühzeit vor sich hin schimmelten. Tessa 8 und ich hatten unseren Bericht, inklusive ganz bezaubernder Fotos, für die kommende Mittwochsausgabe fertig, aber unser Boss äußerte starke Bedenken, ob der Artikel dem Blatt nicht eher schaden als nützen könne.

»Kai, ich bin mir nicht sicher, ob der Schuss nicht nach hinten losgeht. Wenn du in dem Bericht von Tulpenzwiebeln sprichst, dann könnte das unsere hollandaffinen Werbekunden stören.«

Ich ging empört dazwischen. »Gotthilf, wir haben holländische Werbekunden? ›Tulpenzwiebel‹ ist ein Zitat vom Dorp, der da mit seiner Sense einen auf King Louie gemacht hat. Das stammt nicht aus meinem Mund.«

Bunsen setzte seine Lesebrille auf die Nasenspitze und studierte erneut unsere getippten Worte.

»Nicht holländische Kunden, aber hollandaffin, Kai. Der Breckmann vom Möbelhaus, der hat 'ne Tochter. Und soweit ich weiß, will die demnächst in Utrecht Agrarchemie studieren. Wenn wir den mit der Werbebeilage verlieren, das können wir uns einfach nicht erlauben.«

Die Diskussion, was man in diesem Land über das Thema Ausländer, Migranten und das ausgeuferte Thema Diskriminierung und Rassismus noch sagen darf, nahm Fahrt auf.

Ich versuchte es zunächst mal wieder mit der Retro-Schiene.

»Mann, Gotthilf. Tulpenzwiebeln sind doch was Schönes. Da fühlt sich doch kein Holländer beleidigt. Okay, ist vielleicht etwas klischeehaft, aber denk mal an Schimanski aus den achtziger Jahren zurück. Der hat seinen sympathischen niederländischen Kollegen Hänschen auch immer Tulpenzwiebel genannt.«

»Ja, Kai, das waren auch die Achtziger. Das kennt außer dir doch keine Sau mehr. Da hast du am Schulkiosk auch noch Negerkussbrötchen gekauft. Es gibt eben viele Dinge, die man nicht mehr so leicht dahersagen sollte.«

Ich legte mein Veto ein. »Nein, Gotthilf, habe ich nie. Das Ding hieß bei uns in der Schule früher ›Schwarzer Mann‹, und das bezog sich auf die Bergmänner mit schwarzen Gesichtern und hatte nichts mit der aktuellen Diskussion zu tun, was alles rassistisch ist und aus dem deutschen Sprachgebrauch verbannt wird.«

Die Diskussion ging noch eine Weile so weiter, bis Tessa plötzlich dazwischenging.

»Kai, ich will euer blumiges Gespräch über Tulpen und Brötchen ja nicht stören, aber dein Neffe Benedikt gibt drüben ein Radiointerview. Vielleicht willste ja mal guten Tag sagen.«

Na, super. Der Tag wurde ja immer schöner. Grotti hatte mir gerade noch gefehlt.

Ich ging nach nebenan in den Technikraum und lauschte, wie mein lieber Neffe ein Statement zum recht frischen Kommunalamt für neue deutsche Korrektheit abgab, in dessen Stasi-Zentrale er sich ja immer wohler fühlte. An seiner Seite saß ebenfalls eine alte Bekannte, nämlich eine perfekt frisierte

Frau von Schmoller, die Terromma und Stammkundin meines Vaters. Was wollte die denn da, schoss es mir durch den Kopf.

Das Interview war so gut wie beendet, und ich hörte nur noch, wie Frau von Schmoller kämpferisch zu Protokoll gab, dass man natürlich mit allen Mitteln und auf allen Wegen versuche, die Kaserne in der Ortsmitte zu verhindern. Zum einen gehe es um ihr Zuhause (da Franziska von Schmoller schließlich in der Ortsmitte wohnte und aufgrund des Baus natürlich um ihre Wohnqualität bangte). Zum anderen gehe es aber auch um den Umweltschutz. Niemand könne wollen, dass ein so zauberhafter Hundeübungsplatz einer Police Academy weichen müsse.

Ich steckte mir einen Kaugummi in den Mund und machte mir nun ernsthafte Gedanken darüber, warum bei uns damals an der Schule die Brötchen überhaupt irgendwelche Namen trugen. Ist generell eine interessante Sitte in Deutschland, die in der heutigen Zeit nicht selten für Probleme sorgt. Amerikaner, Hamburger, Berliner müssten ja eigentlich auch alle umbenannt werden, um niemanden rassistisch zu beleidigen. Vor allem, wenn der Hamburger den Amerikaner anleckt und der Berliner den Amerikaner anmümmelt. Und warum verfolgte mich das Thema Brötchen eigentlich seit kurzer Zeit so penetrant? Na, egal. Negerkussbrötchen wird es, so betitelt, in diesem Land ohnehin nicht mehr geben. Und Zigeunerschnitzel? Mmh, auch eher nicht. Da hat die Rebellion der Anti-Rassismusbeauftragten ja schon Früchte getragen. Aber was sind die Alternativausdrücke? Schnitzel nach Art des fahrenden Volkes? In Zeiten der Klimadebatte ein ebenfalls politisch nicht korrekter Ausdruck. Geht also auch nicht. Schnitzel nach Art der Rotations-Europäer? Schon besser, da der EU-wir-sind-alle-eins-Gedanke mit dabei ist. Aber alles irgendwie nicht so schön versimpelt wie »Schnitzel nach ungarischer Art«. Das ist einfach zu merken und kann keinen wirklich stören. Die Soßenhersteller in Deutschland sind ja auch zu dieser Namensgebung übergegangen, sodass wir nun mit gutem Gewissen Würstchen mit ungarischer Soße und Schaumkussbrötchen of Colour (SOC) an unseren Schulkiosken erwerben können.

Ich bekam langsam Hunger aufs Mittagessen, als mir plötzlich mein Neffe Grotti von hinten auf die Schulter schlug. Ich hasse das, wenn sich Leute auf diese Art Aufmerksamkeit verschaffen und vermeintlich cool sein wollen. Ich blieb jedoch ebenso cool, auch wenn ich mich fast an meinem Kaugummi verschluckte. Hustend begrüßte ich Frau von Schmoller und fragte Grotti verwundert, was denn die Kooperation mit Terromma zu bedeuten habe.

Grotti legte los: »Franzi, also Frau von Schmoller, steht nun an der Spitze der Bürgerbewegung, die sich mithilfe der Umweltaktivisten gegen die neue Polizeikaserne auflehnt.«

»Fridays for …«, wollte ich ansetzen.

Grotti unterbrach. »Ne, ne! Diesmal nix Fridays für Knutscher. Franzi macht da ihr eigenes Ding: ›Asyl zum Schutz der bedrohten Arten‹. Also, äh, Pflanzen- und Tierarten. Aber wie gesagt, für Umweltfragen bin ich ja nicht zuständig.«

Ich konnte nicht ganz folgen. »Asyl? Das habe ich gestern doch schon mehrfach gehört, als es um die Holländerinnen ging.«

»Ne, auch nix Holländer«, unterbrach Grotti. »Frau von Schmoller möchte einen Antrag einreichen, wonach ihr Wohnhaus, das ja direkt da steht, wo die Kaserne hin soll, offiziell als Kirche anerkannt wird. In Amerika kann man aus jeder Pommesbude eine Glaubensstätte machen. In Deutschland ist das neu, und wir vom Amt für neue deutsche Korrektheit werden das unterstützen und prüfen, ob es hier in Borsen geht. Ich werde das beizeiten mal meinem Chef vorlegen.«

Ich wusste immer noch nicht, worauf Grotti hinauswollte. »Ja, wie? Und warum wollen Sie dann Ihr Haus zur Kirche machen, Frau von Schmoller? Was hat das mit dem Umweltschutz zu tun?«

Franziska von Schmoller zupfte an ihrer immer noch brettharten Dauerwelle und erklärte: »Dann kann der Akono endlich offiziell bei mir unterkommen und Kirchenasyl beantragen. Und, Herr Twilfer, Sie glauben doch nicht im Ernst, dass es der Bürgermeister wagen wird, dort einen Schießstand bauen zu lassen, wo eine Kirche steht, die einen Flüchtling aufgenommen hat. Und damit schützen wir am Ende auch die Umwelt.«

So langsam schimmerte mir, was Frau von Schmoller ausheckte. Ich hatte nämlich mal gelesen, dass auch der Platz vor einer Kirche durchaus noch als Kirchengrundstück gewertet werden kann, sodass es durch diesen Verwaltungsakt unmöglich würde, die Police Academy auf Kirchengrund zu stellen. Dass man aber in Deutschland ein Mehrfamilienhaus als Kirche eintragen lassen konnte, war mir neu. Und Akono? Wer war überhaupt Akono?

Kapitel 6

Von weißen Schwarzfahrern, der Hottentottenente und einem bekackten Kamelhaarmantel

Da sich mein Hunger nun nicht mehr bändigen ließ, entschloss ich mich, zusammen mit Tessa, meinem Nerv-Neffen Grotti und Frau von Schmoller zum Ortskern zu fahren. Hier standen nicht nur der Salon meiner Eltern, das Mehrfamilienhaus von Frau von Schmoller, sondern auch die Imbissbude von Stefan und Paul, die alle nur die Tofu-Buben nannten. Klar, was mich dort nach dem Mettbrötchen-Fiasko kulinarisch erwarten würde. Zudem musste Frau von Schmoller so nicht stundenlang auf den Bus warten, der bei uns im Ort zwar regelmäßig, aber nur im 24-Stunden-Rythmus verkehrte.

Nun stand ich dort also gemeinsam mit Tessa und vier Weltverbesserern, die gleich mehrere Reizthemen der heutigen Zeit miteinander vereinten. Der eine, mein Neffe, bemühte sich, den Leuten mit andauernden Anweisungen und Vorschriften das entspannte Leben zu versauen. Frau von Schmoller kümmerte sich leidenschaftlich um den Naturschutz und die Völkerverständigung, indem sie Kirchen gründen und dort Asylbewerber unterbringen wollte. Und Stefan und Paul, die Tofu-Buben, versorgten Hungernde mit ihren charmanten Kreationen, die glücklicherweise nichts mit Reiswaffeln zu tun hatten.

Ich biss daher neugierig und beherzt zu und kam mir an dem Stehtisch ein bisschen so vor wie in der Schlussszene im Kölner *Tatort*, wenn die Kommissare ihre Wurst futtern und verloren auf den Rhein blicken. Eigentlich schmeckte das, was Stefan und Paul da kreierten, gar nicht mal so schlecht.

Mit ebenso leerem Blick wie Ballauf und Schenk schaute ich dann auf den Hundeübungsplatz und dachte mir: Gott, ist das hier schön auf dem Land. Eine Polizeikaserne braucht wirklich niemand.

Frau von Schmoller fing – nach einem herzhaften Biss in ihre Sesam-Tofu-Bratlinge – an zu plaudern.

»Ich wollte das vorhin da bei Ihnen im Volksempfänger ja nicht so laut sagen, aber der Akono wohnt schon eine ganze Weile bei mir. Der ist Nigerianer und in Deutschland eben nicht so, äh, offiziell angemeldet. Der ist damals zu Fuß von Afrika über das Mittelmeer nach Borsen gelaufen, um hier eine Heimat zu finden. Ich hab ihm dann Unterschlupf gewährt.«

Ich schaute Tessa fragend an, die sich ein Lachen nur knapp verkneifen konnte.

»Äh, Frau von Schmoller«, ergänzte ich. »Übers Wasser ist damals aber ein anderer gelaufen. Der brauchte allerdings kein Asyl im Gotteshaus. Der wohnt ja schon länger in der Kirche.«

»Jaja, Herr Twilfer. Ich weiß, aber was soll ich denn machen? Das wären doch zwei Fliegen mit einer Klappe. Wir bekommen nicht dieses Guantanamo in den Ort gebaut, und Akono kann dann ganz offiziell bei mir wohnen.«

Ich tat das Gerede von Frau von Schmoller seit dem Treffen vor einer Stunde als wirre Fantasie ab, beobachtete, wie sich keine hundert Meter weiter auf dem Hundeübungsplatz ein Dobermann an einem Fleischtopf satt fraß, und fragte Grotti, warum er eigentlich so erpicht darauf sei, dass das Bauprojekt nicht hochgezogen werden solle. Sein Kommunalamt könne da doch jahrelang für Ordnung sorgen, wenn mal wieder die Toiletten falsch beschriftet würden.

Die Frage war eigentlich überflüssig, da mir durchaus klar war, dass Grotti seit seinem Eintritt ins Kommunalamt ziemlich hin- und hergerissen war. Zum einen demonstrierte er politisch korrekt immer wieder, dass er auf der hellen Seite der Macht stand, für Gerechtigkeit und vor allem den Naturschutz eintrat, zum anderen musste er aber für sein Ziel, die große politische Leiter zu erklimmen, Kompromisse eingehen, was seine Überzeugung in Sachen Klimaschutz betraf. Ihm war wohl klar: Als Grüner mit Karriereplänen solltest du nie in die Verlegenheit kommen, politische Entscheidungen treffen zu müssen, die auch mal nicht grün sind. Es war also spannend zu sehen, wie Grotti gegen seine Überzeugung versuchte, sich von dem ganzen Umweltthema zu lösen, um politisch vorwärtszukommen. Nach außen hin redete er sich stets heraus, nichts mit Umweltschutz zu tun zu haben, aber dennoch handelte er immer wieder dem entgegengesetzt und pflegte liebevoll jedes Ficus-Bäumchen auf der Fensterbank so lange kaputt, bis es braun wurde.

»Nein, Kai! Das siehst du falsch. Ich persönlich halte mich aus dem ganzen Umweltding raus, aber Zora hier aus Borsen steht nun an der Spitze der Protestbewegung, nicht wahr, Franzi? Angeblich gibt es in Borsen Krötenarten, die durch Baulärm Gehörschäden bekommen können. Wäre ein Ansatz, um das Ding zu kippen. Ach, apropos kippen …«

Grotti schüttete Frau von Schmoller alkoholfreien Weißwein nach.

Zora? Die kannte ich nur aus den Achtzigern, zusammen mit ihrer Bande.

Ich bestellte mir unterdessen noch einen Apfelsaft bei den Tofu-Buben.

»Apfelsaft führen wir nicht. Ist nicht vegan«, erklärte Stefan.

»Wieso ist Apfelsaft denn nicht vegan?«, empörte ich mich. »Die Äpfel fallen doch vom Baum und nicht vom Esel.«

Stefan gab mir daraufhin kurz eine Lehrstunde in Sachen Nicht-vegane-Äpfel: »Ja, aber für die Produktion von klarem Apfelsaft wird Gelatine verwendet, und die besteht aus dem Bindegewebe von Rindern oder Schweinen …«

Ich schaute auf mein Bindegewebe, wünschte mir meine Mettbrötchen von Omma zurück und sah immer noch, wie der Riesenhund auf dem Platz nebenan fröhlich Fleischbrocken kaute.

»Dann gib mir einen Schnaps. Der ist wenigstens ohne Gelatine gebrannt.«

Tessa nahm Grottis Sorge um den Gehörgang der Kröten auf.

»Wer ist denn diese Zora? Hab noch nie im Ort von ihr gehört.«

Grotti hob stolz die Nase. »Zora, die zornige Zecke, so ihr Spitzname. Das ist die größte Umweltaktivistin, die wir hier im Ort haben. Also, direkt nach Ihnen, Frau von Schmoller. Zora ist in der Szene eine Legende. Nur 1,48 Meter groß, aber so was von mies gelaunt. Die konnte nur Umweltaktivistin werden. Was die anpackt, wird scheiße. Also, für die Umweltsünder meine ich. Die hat das voll im Griff.«

Ich wollte dem Thema Umwelt und taube Kröten nun ein Ende setzen. »Und, Grotti, du meinst also wirklich, dass ihr mit dem Kirchenasyl den Nigerianer hier im Ort zur Legende macht?«

»Na, Kai, ich habe Akono zwar noch nie gesehen oder gar kennengelernt, aber ich finde, dass wir damit doch viel mehr Völkerverständigung signalisieren als mit der Ansiedlung von 120 Niederländerinnen, die hier zu Vollzugsbeamtinnen ausgebildet werden. Ich meine, der ist dunkelhäutig. Viel mehr geht doch gar nicht.«

Da musste ich Grotti recht geben, auch wenn mir schwante, dass sein Amt für deutsche Korrektheit dann den Turbo zünden könnte, was das Thema Alltagsrassismus angeht.

Grotti schien meine Gedanken gelesen zu haben und erwiderte: »Ja, Kai, und wenn ich dann erst mal Bürgermeister bin, wird hier im Ort alles schön woke gemacht.«

Ich hatte mal von dem Begriff gehört, konnte aber mit »woke« zu diesem Zeitpunkt noch nicht viel anfangen, wurde von Grotti aber schnell belehrt. »Kai, bist du denn auch schon woke?«

»Äh, ja. Ausgeschlafen bin ich meist, außer am Wochenende. Da penne ich auch noch so halb, obwohl ich die Augen schon offen habe.«

Grotti holte einen Flyer aus seiner Jackentasche.

»Hier, kannste dir mal durchlesen. Das ist ein von mir verfasster Leitfaden, wie wir uns in Borsen alle etwas mehr woke verhalten können. Kommt aus Amiland. Woke bedeutet quasi ein erwachtes Bewusstsein für Alltagsrassismus. Das heißt, dass du alles mal hinterfragen solltest, was in diesem Land auch nur ansatzweise rassistisch klingt.«

Ich kippte mir einen Schluck Mineralwasser runter, das Stefan ironischerweise in einem Schnapspinnchen serviert hatte.

»Okay, Grotti. Woke ist also auch so eine militante Erscheinung, bei der alle Leute Panikmache betreiben können, die meinen, dass eine weiß gestrichene Wand rassistisch ist, nur weil es im Baumarkt keinen Latte-Macchiato-Farbton mehr gab. Ich hab neulich gehört, dass diese Wookies oder Wokes sogar gegen Apfelkuchen sind, weil dieser laut Geschichtsschreibung das erste Lebensmittel in den USA war, das nach der großen Zuckerkrise wieder verzehrt wurde. Und da der

Zucker wohl überwiegend von Sklaven geerntet wurde, dürfe man nach Woke-Weltsicht auch heute keinen Apfelkuchen mehr zubereiten, geschweige denn essen ...«

Grotti fuhr fort. »Äh, ja, also fast. Sicher gibt es unter den Woke-Aktivisten auch militante und aktivistische Mitglieder und ...«

Tessa ging vollmundig dazwischen ...

»... und Mitgliederinnen«

»Ja, Tessa, auch das. Aber woke bedeutet eben in hohem Maße politisch wachsam, sodass wir nicht wieder Zustände bekommen wie damals, als der Führe..., also der ... Na, ihr wisst schon: Wehret den Anfängen.«

Grotti hatte den Satz gerade zu Ende geschwurbelt, da hörten wir im Hintergrund eine sonore Männerstimme krakeelen.

»Jetzt ist in Borsen Jahrmarkt! Wir sind die Aufräumtruppe! Ihr habt es ja nicht anders gewollt!«

Tillmann Dorp hatte sich doch tatsächlich, zusammen mit dem Alterspräsidenten Gullip, die Mühe gemacht, den Container mit der mobilen Küche zu uns ins Zentrum zu fahren und mitten auf den Hundeübungsplatz zu stellen. Dutzende Hunde folgten dem betörenden Duft nach Lebensmitteln und standen bellend vor dem Metallwürfel.

Frau von Schmoller erhob die Hände. »Da seht ihr es. Es ist wieder so weit. Sie ziehen wieder durch die Straßen und bringen Unheil.«

Tessa versuchte, Frau von Schmoller zu beruhigen. Und ich schüttelte nur noch den Kopf, während Stefan mir einen weiteren Absacker Borsenquelle-Classic ins Pinnchen kippte.

Grotti scharrte mit den Beamtenhufen.

»So, jetzt reicht es. Ich geh da mal rüber und mach denen klar, dass die mit dem Traktor nicht einfach das Hundegelände befahren dürfen. Paragraf 234b, Absatz 6, Unterpunkt b, kommunale Traktorverordnung!«

Grotti packte seine Aktentasche, und noch bevor ich ihn am Ärmel festhalten konnte, stürzte er sich in die behördliche Auseinandersetzung und zog in Richtung Schützen von dannen. »Das gibt Ärger«, war ich mir sicher.

Tessa geleitete inzwischen Frau von Schmoller galant in ihr Haus, damit sie nicht auch noch auf die Idee kam, sich mit Dorp und dem Schützenfestoberboss Gullip anzulegen.

Ja, diese ganze deutsche Debatte, was inzwischen als Rassismus gilt und was nicht, ist schon spannend. Um früher glasklar als Rassist eingeordnet zu werden, brauchte es keine Woke-Bewegung. Da war es eindeutiger festzustellen, dass das, was du aussprichst oder tust, rassistisch ist oder nicht. Ich erinnere da an die braunen Aufstände der frühen neunziger Jahre, als ein Mob durch die Straßen zog und »Ausländer raus!« skandierte. Man konnte bei diesem Ausruf, auch ohne zu gendern, von eindeutigem Rassismus sprechen, egal, ob man nun woke oder verpennt war.

Heutzutage ist das alles nicht mehr so leicht zu bestimmen, da vieles in diesem Land als rassistisch angesehen wird, was früher nicht mal ansatzweise als solches gedeutet wurde. Ebenso wie beim Thema Sexismus oder der Gendersprache, haben viele alltägliche Kleinigkeiten schlichtweg niemanden interessiert.

Dass beispielsweise der Begriff »schwarzfahren« für Unmut sorgen könnte, nur weil er aufgrund des Farbwortes eventuell Menschen beleidigt, die eine dunkle Hautfarbe haben, stand bis vor einigen Jahren überhaupt nicht zur Diskussion. In Erinnerung ist mir diesbezüglich der Vater unseres Fußballnationalspielers Leroy Sané geblieben, der ja ebenfalls ein erfolgreicher Bundesligaspieler war. Zugegeben, eine Zeit lang nur bei Wattenscheid 09, also nicht beim größten Verein der Menschheitsgeschichte, aber in der Bundesliga war er extrem erfolgreich. Ich habe mir damals, obwohl Schalke-Fan, gern mal ein Bundesligaspiel im Wattenscheider Lohrheidestadion angeschaut, zum einen, weil es schnell erreichbar war, zum anderen, weil es dort die beste Bratwurst aller Bundesligastadien gab. Und natürlich wegen Souleyman Sané, der schwarzen Perle aus dem Senegal. Er war einer der ersten afrikanischen Bundesligastars.

In einem Interview von 2013 fragte man ihn, ob er sich jemals an dem Begriff »schwarze Perle« gestört habe, der damals aber durchaus gängig war, um dunkelhäutige Fußballer aus Afrika liebevoll zu titulieren. Ein klares Nein war die Antwort. Nie habe ihn das gestört, da für ihn entscheidend gewesen sei, dass er die verdiente Anerkennung bekam, die er sich hier durch seine sympathische Art und den tollen Fußballstil erarbeitet hatte. Souleyman Sané sah also das Thema Alltagsrassismus in solchen Formulierungen ebenso wenig wie andere dunkelhäutige Menschen in Deutschland.

In Kiel betreibt ein Dunkelhäutiger sogar ein Restaurant mit dem Namen »Zum Mohrenkopf«. Auch ihm ist die ganze Diskussion rund um diese Begriffe egal. Doch noch mal zurück zu Souleyman Sané, dem Vater des Bayern-Spielers. Er war es, der seinerzeit in einem Werbespot der örtlichen Verkehrsgesellschaft mitspielte. In diesem Spot öffnete der Busfahrer die Tür des Busses, und plötzlich steht Souleyman Sané, der Held der Region, vor ihm. Der Fahrer fragt ruhrpotttypisch: »Wat wills du denn hier?« Souleyman Sané antwortete: »Schwarzfahren!« Er warb in diesem Werbespot natürlich für den Ticketkauf.

Diesen Werbespot muss man sich mal in der heutigen Zeit vorstellen. Eine Zeit, in der alles korrekt erscheinen muss und wir alles auf den Prüfstand Rassismus, Sexismus und gesellschaftlich konformes Auftreten stellen. Ein solcher Werbespot würde heutzutage von niemandem produziert werden, geschweige denn ein einziges Mal im Fernsehen laufen. Damals, in den frühen neunziger Jahren, versetzte er hingegen sämtliche Protagonisten, die Zuschauer und vor allem Souleyman Sané in größtes Verzücken. Und das alles geschah ohne bösen, gar rassistischen Hintergedanken. Souleyman, du warst damals wie heute mein fußballerischer Held, nur leider beim falschen Verein.

Auch andere Verkehrsgesellschaften haben bis vor Kurzem noch mit dem Kunstwort »schwarzfahren« Werbung betrieben. Immer häufiger kam man aber in den letzten Jahren zu dem Entschluss, dieses Wort nun ganz aus dem Sprachgebrauch beziehungsweise den Werbebotschaften zu streichen, da es inzwischen eine – Zitat – »rassistische Konnotation« habe. Der Ursprung des Begriffes »schwarzfahren« ist dabei nicht mal eindeutig geklärt. Man geht davon aus, dass der Ursprung im Wort »schwärzen« zu suchen ist, wonach früher viele illegale Aktivitäten, wie beispielweise das Schwarzbrennen von Alkohol, so bezeichnet wurden. Zudem ist es möglich, dass der Wortteil »schwarz« damit zu tun hat, dass man diese Aktivitäten oft unbemerkt in der dunklen Nacht betrieb oder die Schmuggler sich gern mal das Gesicht schwarz färbten, um unerkannt etwas Illegales zu tun.

Das ist alles ganz lehrreich, aber was, um Himmels willen, hat das mit Rassismus zu tun? Ich behaupte mal, dass es jedem Fahrkartenkontrolleur egal ist, ob das Gegenüber nun schwarz, weiß oder im Falle des Krümelmonsters blau ist, wenn kein Fahrschein vorgezeigt werden kann. Warum verbannen wir also wieder einen Begriff aus unserem Sprachgebrauch, der nachweislich kein rassistisches Gedankengut in sich trägt, aber in Zeiten der Woke-Bewegung neumodisch als solcher gedeutet werden könnte. Konjunktiv! Könnte! Keiner weiß, äh, schwarz es.

Die Werbeplakate der Verkehrsbetriebe, zum Beispiel in Berlin, auf denen das Wort »schwarzfahren« prangte, sind also nun abgehängt worden. Die Berliner Verkehrsbetriebe folgen damit einer Anordnung des Berliner Senats, der inzwischen ein sogenanntes Diversity-Programm aufgelegt hat, dank dem solche »Missstände« verboten sind. Im Jahr 2016 hingegen warb die BVG noch mit einem Plakat, auf dem zwei als Frauen verkleidete Männer abgebildet waren, mit dem Werbespruch: »Wer schwarz fährt, muss Eier haben!« Ich lass das mal kommentarlos so stehen.

Als ruhrpottaffines Kind war es für uns damals etwas absolut Normales, wenn Omma und Oppa vom »Schwatten« sprachen. Dazu zählten früher aber neben Dunkelhäutigen ebenso Schwarzhaarige, die man wegen ihrer Haarfarbe sicher auch nicht rassistisch beleidigen wollte. Und wenn man sich damals die Bergmänner anschaute, die von der Schicht kamen, so war es wirklich nicht leicht, diese als Frischmilch zu betiteln, auch wenn sie sich nach der Schicht gern eine gönnten. Schwarz ist also nicht per se eine rassistische Beleidigung, liebe Woke-Bewegung, sondern eine Farbe, die es schon länger gibt als jeden Menschen auf dieser Welt.

Besonders schlau in Bezug auf das Thema weiße und nicht weiße Hautfarbe hat sich auch die Studentenvertretung AStA der Humboldt-Universität in Berlin angestellt. Hier wurde über eine Stellenanzeige ein »Antidiskriminierungsbeauftragter« gesucht, der aber nach Möglichkeit kein weißer Mensch sein solle. Weiße sollten doch bitte von einer Bewerbung Abstand nehmen.

Die Studentenvertretung möchte also den Rassismus bekämpfen und die Gleichstellung unter den Ethnien fördern, indem sie sich von vornherein schon mal rassistisch verhält und eine komplette ethnische Gruppe ausschließt. Fantastisch! Das klingt in etwa so, als wolle man als Firma eine Feminismusbeauftragte einstellen, die aber bitte schön einen Penis und Vollbart tragen müsse und gut im Erzählen von Blondinenwitzen sei.

Es reicht übrigens schon aus, um als rassistisch zu gelten, wenn man eine Äußerlichkeit kopiert, die einer gewissen Ethnie zugeschrieben wird. »Kulturelle Aneignung« sind dabei die beiden Schlüsselwörter. Diese Erfahrung hat unlängst eine junge Musikerin gemacht, die bei einer Kundgebung des Schulschwänzerbündnisses Fridays for Future auftreten wollte. Eine Aktivistin also, die sich mit ihrem Auftritt und ihrer Musik für den Klimaschutz einsetzen wollte. Das Problem war nur, dass sie als weiße Frau blonde Dreadlocks auf dem Kopf trug, was aus Sicht der Organisatoren eine kulturelle Aneignung darstellte, da Dreadlocks in Zeiten der Sklaverei als Zeichen der Unterdrückung genutzt worden seien. Und weiße Menschen tragen dieses Zeichen zu Unrecht, weil sie selbst nicht das Gefühl der Unterdrückung erlebt haben, so die weitere Erklärung.

Das ist in etwa so, als dürfe in diesem Land kein Mann, wie zum Beispiel ich, mehr eine Glatze tragen, weil dies alle von Chemotherapie geplagten Krebspatienten diskriminiere. Liebe Leute vom Aktionsbündnis Fridays for Future: Eure Bemühungen und Ansichten in Bezug auf den Klimaschutz in diesem Land in allen Ehren. Ich erinnere mich aber noch gut an eine Zeit, in der wir als Jugendliche den Grunge-Look mit Dreadlocks zelebrierten, um die Eltern- und Lehrerschaft zur Weißglut zu bringen. Wir waren ebenso rebellisch wie ihr, wir waren nur viel entspannter, und wir haben nur aus diesem Grund die Haare so lässig getragen, wie es nur eben ging. Zumindest hatte ich damals noch Haare. Unser Vorbild hieß nun mal Bob Marley und nicht Heidi Klum, die meist mit glatten Haaren herumspaziert.

Wir machten uns ebenso Gedanken über die Rettung der Welt und den Kampf gegen den Rassismus wie ihr heutzutage. Ihr habt das Rad also weder in Naturschutzfragen noch in Bezug auf den Rassismusverdacht neu erfunden, und daher appelliere ich an eure doch so oft propagierte Weltoffenheit: Lasst die Leute herumlaufen, wie sie wollen! Nicht jeder, der Dreadlocks trägt, macht sich einer kulturellen Aneignung schuldig. Wenn man euch fragt, wo alle Menschen lockiges Haar haben, dann schaut ihr schließlich auch erst in euren Schritt und denkt nicht direkt an Afrika.

Das Angebot, die Musikerin doch noch auftreten zu lassen, wenn sie sich denn die Dreadlocks abschneide, wurde übrigens mit einer Entschuldigung seitens des Aktionsbündnisses zurückgenommen.

Doch damit nicht genug. Diese ganze Debatte um vermeintlichen Rassismus wird zusätzlich beflügelt durch Internetkonzerne, die das World Wide Web mithilfe künstlicher Intelligenzen auf Inhalte durchforsten lassen, die als rassistisch gedeutet werden könnten. Bei einer Sache hat diese künstliche Intelligenz dann vor nicht allzu langer Zeit angeschlagen. Das Spiel Schach sei eindeutig mit rassistischen Tendenzen zu bewerten, da die Farbe Weiß immer zuerst ziehe. Zudem sei es ein Kampfspiel, bei dem immer Weiß gegen Schwarz spiele und auch Begriffe wie »Angriff« und »Kontrolle« genutzt werden. Mensch ärgere dich nicht!

Man sollte sich an dieser Stelle vielleicht einfach mal mehr Sorgen um die Qualität von KI, also künstlicher Idiotie, äh, Intelligenz machen, als ein jahrhundertealtes Spiel plötzlich unter Rassismusverdacht zu stellen.

Die Mathematik als Wissenschaft an sich geriet hierbei ebenfalls unter einen Vorverdacht. Die Tatsache nämlich, dass es in der Mathematik immer nur ein jeweils richtiges und ein falsches Ergebnis gebe, fördere den Rassismusgedanken, so eine amerikanische Bildungsinitiative. Auch der Umstand, dass es meist nur einen Weg zur richtigen Lösung gebe, sei nicht förderlich, um rassistisches Gedankengut zu verhindern. Na, da sollten wir doch einfach mal eins und eins zusammenzählen und erkennen, dass diese Aussage Scheiße hoch zwei ist.

Aber auch direkt vor unserer Haustür grassiert in Sachen Alltagsrassismus die Verboteritis. Und das nicht selten mit ziemlich obskuren Begründungen.

Nehmen wir mal den berühmten Kindergeburtstag. Sie wissen schon, dieses Event, nach dem Mutter anschließend nicht mehr ihre Küche und Vater seinen fein gemähten Rasen wiedererkennt. Dieses tolle Highlight, das man als Kind nicht missen will und bei dem schon früher Schulfreunde aller Nationalitäten Spaß daran hatten, sich beispielsweise als Indianer zu verkleiden. Alarm! Das ist ab sofort unerwünscht. Sich als Kind oder Erwachsener in ein Indianerkostüm zu schmeißen, gilt inzwischen als höchst problematisch, da es angeblich die indigenen Ureinwohner der USA zutiefst beleidigt. Dass viele sogar das Gegenteil bezwecken, den Ureinwohnern und deren oft problematischer Vergangenheit dadurch Sympathie zollen, sieht niemand als Möglichkeit. Selbst wenn das Kleinkind mit diesen historischen Zusammenhängen noch lange nichts am Hut hat, dürfe man sich als Elternteil nicht mehr dazu hinreißen lassen, seinen Nachwuchs an Karneval in ein x-beliebiges Kostüm zu stecken.

Gus Backus – die Leser unter Ihnen, die vor 1864 geboren wurden, werden ihn noch kennen, ein Schlagersänger, der 1961 seinen Hit »Da sprach der alte Häuptling der Indianer« sang, müsste also ebenso aktiv werden, um seinen Song zu ändern, wie diverse Kinderbuchverlage, die Klassiker im Programm haben, in denen Begriffe wie »Indianer« oder »Eskimo« fallen. Aber was, bitte schön, soll man denn machen, wenn diese Begriffe in der Literatur nun mal seit Jahrzehnten verwendet werden? Soll nun in der gesamten deutschen Literatur der Begriff Indianerhäuptling in »King of Ureinwohner*innen« geändert werden? Sollen alle Eskimo-Eisdielen nun in »Profi-Frierpitter-Shops« umbenannt werden? Ich denke, damit werden wir den Rassismus in Deutschland nicht bekämpfen.

Mein Aufruf daher, liebe Panikmacher: Gönnt uns bitte weiterhin die alten *Winnetou*-Filme mit allem, was dazugehört. Lasst die Blagen sich verkleiden, wie sie Bock haben, wenn sie nicht gerade wie Prinz Harry 2005 mit einer Naziuniform zum Fasching marschieren. Und denkt bitte daran, dass auch ein jahrzehntealtes Kinderbuch ein kleines Kunstwerk ist, an dem man gefälligst nicht herumpfuschen sollte, da es zu seiner Zeit eben unproblematisch war, wenn darin Begriffe standen, die vielleicht aus heutiger Sicht nicht en vogue sind. Auch vorlesende Eltern können ihrem Kind erklären, dass zum Beispiel das Wort Neger zwar noch im historischen Text steht, aber nicht mehr benutzt werden sollte. Es will ja auch niemand an der Mona Lisa rummalen, nur weil einem das Grinsen so langsam auf den Nerv geht. Also, Finger weg von deutschen Büchern!

Genauso verhält es sich mit uraltem Kulturgut, sprich Gemälden, die nun alle auf den Prüfstand kommen, weil deren Bezeichnungen ebenfalls nicht mehr den heutigen Ansichten vieler Rassismusgegner entsprechen. Die Staatliche Kunstsammlung Dresden beispielweise hat 143 Kunstwerke alter Meister umbenannt, da die Titel rassistisch seien. Ein niederländisches Gemälde mit dem ursprünglichen Titel »Hund, Zwerg und Knabe« wurde zum Beispiel umbenannt in »Hund, kleinwüchsiger Mann und Junge«. Man war sich also sicher, dass die Begriffe »Zwerg« und »Knabe« zu diskriminierend seien. Der Begriff »Hund« wurde glücklicherweise als einziger beibehalten, obwohl ja niemand gefragt hat, ob so ein Hund sich nicht vielleicht auch manchmal als Katze fühlt. Und auch die Millionen Gartenzwerge in Deutschland, immerhin ebenfalls ein Kulturgut, müssten dann konsequenterweise in Kleinwüchsigenarmee umbenannt werden. Hoo! Ei! Ho! Wir sind vergnügt und froh, müssen sich also die Verantwortlichen der Staatlichen Kunstsammlung Dresden gedacht haben. Zumindest ist dieser bürokratische Kraftakt den Verantwortlichen wesentlich wichtiger gewesen, als für eine ordentliche Alarmanlage zu sorgen, die verhindern würde, dass Kunstwerke, egal wie betitelt, geklaut werden.

Auch zahlreiche andere Kunstwerke und vor allem Denkmäler stehen derzeit weltweit unter Rassismusverdacht. Bei vielen in Bronze Geklöppelten stellt man sich die Frage, ob deren Vergangenheit immer so sauber war, dass es gerechtfertigt ist, diese in Form eines solchen Monuments in die Innenstädte zu setzen. Und obwohl es vielleicht schon ausreichen würde, dass ein Denkmal von Kolumbus mit Taubenkacke verunglimpft wird, ziehen Unbekannte durch die Straßen und beschmieren die Statuen fröhlich mit roter Farbe. Denkmäler also, bei denen man sich relativ sicher ist, dass diese Person irgendwann mal blutigen Mist gemacht hat, der rassistisch war. Bei Kolumbus geht das sogar so weit, dass die Münchner Verkehrsgesellschaft MVG ihren KolumBUS wieder abschaffen oder zumindest umbenennen soll. Der Bus sollte eigentlich Kindern bei Klassenfahrten zur Verfügung stehen, mit dem sie dann auf Entdeckungstour gehen können. Genauso wie Kolumbus, als er Indien in Amerika entdeckte. Absolut rassistisch, da Kolumbus mutmaßlich Menschen versklavte, wie nun einige Weltverbesserer behaupten, sodass den Kindern der Bus erst mal madig gemacht wurde und man darauf drang, ihn schleunigst umzubenennen. Ich wäre ja für den Titel »Der Indianer Jones«. Auch ein Entdecker, der ohnehin mehr zu Amerika gepasst hätte als der olle Christoph.

Vor nicht allzu langer Zeit traf es dann auch den kleinen Ort Negernbötel im Kreis Segeberg in Schleswig-Holstein. Wie man sich bei dem Namen denken kann, war auch hier die Rassismus-Stasi, diesmal der Grünen Jugend, aufmerksam geworden. Ihre Forderung: Der Ort solle doch bitte umbenannt werden. Der Name enthalte nun mal das böse N-Wort, auch wenn die grünen Jungspunde eingesehen haben, dass im Tausend-Seelen-Ort wohl die wenigsten Menschen rassistisch seien oder der Name gar tatsächlich was mit Rassismus am Hut habe. Dennoch würde die Ortsbezeichnung Assoziationen auslösen, auch wenn der Ursprung des Namens aus dem Plattdeutschen »Näher zu der Siedlung« heiße. Ach, wären die Politiker doch mal »Näher an der Lässigkeit«.

Die Gemeinschaft der Negernböteler lehnt übrigens – inklusive Bürgermeister – eine Umbenennung des Ortes geschlossen ab. Zitat: »Wer sich am Ortsnamen stört, der kann ja gern woanders hinziehen.« Mein Vorschlag: Ziehen Sie doch nach Elend in Sachsen oder in den schönen Ort Hundeluft nach Sachsen-Anhalt. Beide Orte gibt es tatsächlich.

Und so werden nun fröhlich im deutschen Sprachgebrauch, in der Kultur, in der Werbung, im TV und überall im Alltag Begriffe verbannt, die häufig nicht mal ansatzweise eine rassistische Konnotation haben oder hatten. Der Verband der Ornithologen schlägt in dieselbe Kerbe und hat schon über tausend Vogelarten umbenannt. Aus der Hottentottenente ist beispielsweise die Pünktchenente geworden. Zugegeben, klingt auch irgendwie niedlicher.

Meine Omma hingegen wusste anscheinend schon damals, dass wir »hier ja nicht bei den Hottentotten sind«, wenn mal wieder Chaos in der Wohnung ausgebrochen war. Auch das war im Prinzip bereits eine zweifelhafte Aussage in den achtziger Jahren, da »die Hottentotten« eine abwertende Bezeichnung aus der Kolonialzeit darstellte und man nicht ungeprüft unterstellen sollte, dass das Volk so viel Chaos anrichten konnte wie ich als Kind. Meine Omma ging dann irgendwann dazu über, die urdeutschen Hempels mit meinem Chaos in Verbindung zu bringen und titelte, dat dat hier ja aussähe wie bei Hempels unterm Sofa. Ich habe leider nie herausgefunden, wie es bei Hempels unter dem Sofa tatsächlich aussah. Vielleicht hat meine Omma den Hempels, ähnlich wie den Hottentotten, Unrecht getan, und eine Familie mit dem Nachnamen Hempel schickt mir mal ein Foto, wie es tatsächlich bei ihnen unter dem Sofa aussieht.

Die in Deutschland am hitzigsten geführte Diskussion bezieht sich aber auf den Begriff »Mohr«. Zahlreiche Mohrenapotheken prägen immer noch das Bild der Städte, ebenso wie Mohrenplätze und Mohrenstraßen. Sie alle sollen nach dem Willen von Anti-Rassismusprofis verschwinden, auch wenn sich jahrzehntelang bis vor Kurzem kein Mensch daran gestört hat und sich auch niemand ernsthaft rassistisch beleidigt fühlte. Da der Begriff jedoch nachweislich historisch negativ besetzt ist, immerhin habe sich kein Dunkelhäutiger in Afrika jemals selbst so genannt, solle der Begriff nun komplett verschwinden. Die Herkunft des Begriffes Mohr stammt wohl von den nordafrikanischen Mauren ab. Da er aber in Europa überwiegend verallgemeinert für die Bezeichnung von dunkelhäutigen Menschen benutzt wurde, ist man sich sicher, dass auch die Mauren, die durchaus stolz auf ihre Bezeichnung waren und sind, nun auf den Mohr in Deutschland verzichten müssen. Es gibt also gute Gründe dafür, den Begriff Mohr zu streichen, aber eben auch einige dagegen.

Dass aber dennoch zahlreiche Straßen, Plätze und so weiter derart benannt wurden, ist häufig auch einer gewissen Naivität geschuldet, weil man es einfach nicht besser wusste, dies aber nicht mit bösen Hintergedanken tat und erst recht nicht mit einer rassistischen Absicht. Ich erinnere mich da insbesondere an den Sarotti-Mohr, die Werbefigur der gleichnamigen Schokoladenfirma. Spannend wird es aber wohl erst für die Leute, die Mohr oder Mohren heißen, und es sicher auch nicht so toll finden, wenn man von ihnen fordern würde, sich umzubenennen. Ich appelliere in dieser heiklen Frage also an alle: Kauft mehr Karotten, und haltet Abstand von Händlern, die euch rassistisch betitelte Produkte wie Mohrrüben andrehen wollen.

Auch die Darstellung der Heiligen Drei Könige, also MC Caspar, Dr. Melchior und DJ Balthasar, soll, wenn es nach der Auffassung vieler Rassismusprofis geht, geändert werden. Der dunkelhäutige König Melchior soll nicht mehr durch ein schwarz geschminktes Kind der Sternsinger dargestellt werden, da auch dies als rassistisch angesehen werden kann. Man spricht hier von sogenanntem »Blackfacing«, das angeblich ein Symbol für die Unterdrückung der schwarzen Rasse ist. Wenn ich an die alte Sonnenbank im Salon meiner Eltern denke, so haben auch sie sich bereits in den achtziger Jahren mitschuldig gemacht, da zahlreiche Damen nach der Nutzung des UV-Grills »blackgefaced« den Solariumkeller verließen. Der Bund der Deutschen Katholischen Jugend hat dazu eine klare Haltung: Das schwarz eingefärbte Gesicht eines Sternsingers sei nicht mehr erwünscht. Die Kinderschar soll also ungeschminkt singen. Nur Pickel sind noch erlaubt.

Die Rolling Stones, also die lange heiligen vier, inzwischen ebenfalls nur noch drei Könige der Rockmusik sind übrigens ebenfalls von der Rassismusdebatte eiskalt erwischt worden. Nach gefühlt 125 Jahren Bandbestehen und fünf Millionen Konzerten hat man sich für die kommenden Gigs entschieden, den Song »Brown Sugar« von der Setlist zu streichen und das Lied nicht mehr zu spielen. Ob das aus freien Stücken geschah oder der Druck von außen so groß wurde, dass die ehemals rebellische und eigensinnige Band sich zu diesem Schritt entschloss, wurde nicht geklärt. Der Song handelt von der Sklaverei in den USA, drückt aber mehr den Horror dieses Umstandes aus, als dass er irgendwas verherrlicht. Insofern ist es auch hier fragwürdig, warum ein Kulturgut, das schon seit vielen Jahrzehnten problemlos auf diesem Erdball für Freude sorgte, nun zu einem Problemfall geworden sein soll.

Da die Südstaaten der USA mit der Sklaverei bekanntlich in enger Verbindung standen und Schwarze damals dort häufig

»Uncle« genannt wurden, musste nun auch der Produktklassiker »Uncle Ben's Reis« weichen. Das Produkt wurde aufgrund von Massenprotesten in den USA umbenannt, obwohl es trotz der Abbildung eines dunkelhäutigen Mannes keinerlei rassistische Absichten gibt, die mit dem schneeweißen Reis zu tun haben. Mit anderen Worten: Selbst der Begriff »Uncle«, also »Onkel«, wird mittlerweile zum Problemfall. Umso erstaunlicher ist es, dass die bekannteste Werbefigur der USA nach dem Marlboro-Mann der weiße Uncle Sam ist, der seinerzeit für die Anwerbung für Soldaten warb, um in den Krieg zu ziehen. Daran störte sich bisher kein Amerikaner. Aber wenn in China ein Sack Reis umkippt, dann, bitte schön, auch mit der neuen korrekten Betitelung: »Ben's Original«!

Man kann die Debatte um die Umbenennung von Produkten bis ins Unendliche treiben. Die Firmen haben eine immens große Angst, dass ihre wertvollen und mühevoll aufgebauten Marken Schaden nehmen könnten, weil eine neu denkende Gesellschaft hinter den Traditionsmarken und Darstellungen irgendetwas Rassistisches vermutet. Der Firma Bahlsen scheint es ähnlich zu gehen. So wurden die bekannten »Afrika«-Kekse ebenfalls umbenannt, auch wenn der Begriff Afrika einen Kontinent beschreibt und aufgrund der Herkunft der verarbeiteten Kakaobohnen das Produkt seinerzeit so benannt wurde. Rassismushintergrund: null!

Doch nach diesem unerschöpflichen Thema zurück zu unserer kleinen Politposse nach Borsen.

Auch Grotti, die Traditionsmarke aus meiner Familie, kam nun erfolglos von seinem Versuch zurück, Schützenkönig Tillmann Dorp behördlich korrekt zu erläutern, dass es verboten sei, Küchencontainer mit Gabelstaplern auf Hundeübungsplätze zu stellen. Zumindest, ohne vorher dafür mindestens fünfzehn Anträge bei diversen Kommunalämtern einzureichen. Dorp hingegen hatte Grotti seine Sicht der Dinge unmissverständlich klargemacht, indem er meinen Neffen mit Hundescheiße beschmissen hatte.

Grotti schäumte vor Wut. »Wenn ich nicht so gutmütig wäre, dem hätte ich's gegeben. Das gibt 'ne private Anzeige wegen Sachbeschädigung und Demütigung und eine vom Amt wegen unerlaubter Müllbeseitigung.«

Grotti rieb sich den Mist von seinem beigefarbenen Kamelhaarmantel, den er mal in einem Türkei-Urlaub günstig geschossen hatte und zu jeder Jahreszeit trug, auch im Frühjahr.

Grotti war nun mal nicht der große Kämpfer, dachte ich mir mit Blick auf seine zierliche Gestalt. Eher so der geistige Fighter für Recht und Ordnung.

Grotti rieb sich den Unrat mit einer Serviette der Tofu-Buben immer weiter in das Kamelhaar hinein und tat mir jetzt schon fast ein bisschen leid. Er erinnerte mich an meine Kindheit im Tierpark, als auch ich nach dem Besuch des Streichelzoos gern mal wie ein vollbesudeltes Kamel aussah, die kindliche Welt dadurch aber nicht aus den Fugen geriet.

»Kai, kannste mich wenigstens nach Hause fahren? Jetzt geht's gegen die Schützen!«

Wir waren ja erneut mit Tessas Auto unterwegs, und meine Lieblingsfotografin bekam in Gedanken an ihre gepflegte Rückbank des alten Twingos große Augen. »Wir sind doch kein Viehtransporter!«, empörte sie sich.

Kurzum: Wir fuhren meinen betörend duftenden, inzwischen sehr kleinlauten Neffen Benedikt nach Hause zu meiner Schwester, bei der er es sich seit seiner Geburt unter dem Dach als sogenannter Sohn gemütlich gemacht hatte. Er wohnte, ebenso wie meine Nichte Tamara, immer noch zu Hause und machte bisher auch keine Anstalten, das in den nächsten Jahrzehnten bis zu seiner Ernennung zum Bundeskanzler ändern zu wollen.

Mit geöffneten Seitentüren kachelten wir also nun mit dem Hundescheißetaxi meinen Neffen nach Hause. Meine Schwester war, anders als ich, nie aus Borsen weggezogen und mit dem Ort dadurch natürlich nicht weniger gut vertraut als meine Eltern und alle anderen meiner Familie. Aber auch ich war, ehrlich gesagt, immer froher, den Schritt zurück aufs Land gewagt zu haben. Schon aus dem Grund, weil die Landluft durch nichts auf dieser Welt zu ersetzen ist. Die Luft draußen ebenso wie im Fahrzeuginneren.

Tamara empfing uns an der Haustür.

»Boah, das ist jetzt nicht euer Ernst, oder? Wie siehst du denn aus? Ist das …? Oh, ne, ich rieche es schon. Zieh bloß den bekackten Mantel aus.«

Ich amüsierte mich prächtig.

»Tamara, das ist ein Kamelhaar-Qualitätsprodukt von der Schwarzmeerküste, wie schon mein Oppa eines trug. Allerdings nicht im Frühjahr, so wie Grotti. Aber offenbar lebte das Kamel noch und musste mal.«

Grotti schmiss voller Wut den Mantel in die braune Biotonne vor dem Haus und verschwand, ohne einen Ton zu sagen, mit seiner Aktentasche unter dem Arm in sein Kinderzimm…, äh, in sein Reich.

Tamara saugte, lässig im Türrahmen lehnend, an dem Strohhalm ihres Prosecco-Döschens. Als wir uns umdrehten und gerade wieder Richtung Auto marschieren wollten, das zur Komplettbelüftung nun auch die Heckklappe geöffnet hatte, rief meine Nichte mir noch nach: »Ach, Kai, das hätte ich ja fast vergessen, dir zu sagen. Ich hab Sparbier heute Morgen mal gesteckt, dass der Bürgermeister und der Schredder da noch ’ne holländische Baufirma am Start haben, die sehr wahrscheinlich die Ausschreibung für diese Police Academy gewinnen wird …«

Tessa und ich schauten uns an und machten umgehend kehrt.

»Ach, was«, sagte ich. »Jetzt wird die ganze Sache ja erst so richtig interessant. Und was hat der große Baumogul dazu gesagt?«

Tamara ging einen Schritt zur Seite. »Kommt mit rein, ich erzähl es euch mal ein bisschen genauer. Da braut sich im Ort ganz schön was zusammen.«

Wir setzten uns bei meiner Schwester auf die Terrasse, und Tamara erzählte uns, dass Sparbier natürlich gekocht habe, weil der Auftrag noch gar nicht fix in seiner Tasche liege, er aber schon fleißig für Pressekonferenzen des Bürgermeisters herhalten müsse und mit dem ganzen Bauordnungskram zu tun habe. Tamara spielte uns einen Mitschnitt vor, den sie mit ihrem Smartphone in Sparbiers Büro gemacht hatte. Man hörte einen mehr als aufgebrachten Franz Sparbier wüten wie das Rumpelstilzchen auf Zitronenkoks.

»So wahr ich Franz Sparbier heiße. Ich habe hier im Ort alles gebaut. Häuser, Ställe, Straßen, die Markthalle aus feinstem Tropenholz und sogar die Kläranlage. Auch diese Nummer geht an die Sparbier Hoch- und Tiefbau GmbH. Damit das klar ist. Ich will dieses Dschungelcamp bauen.«

Im Hintergrund hörte man seinen Mitarbeiterstab murmelnd zustimmen.

»Und was wir nun auch endlich in den Griff bekommen müssen, das sind diese dämlichen Ekal-Schützen. Die wollen die Polizeibude am liebsten ganz verhindern, nur damit die ihre komischen Köter weiterhin über den Hundeplatz jagen können.«

Komische Köter? Ich wusste nicht, warum, musste aber an Grotti denken.

Sparbier wurde nun leiser. Man merkte, dass er einen Plan ausheckte. Tessa saß ebenso gespannt neben mir wie damals meine Schulfreunde, als wir 1983 gemeinsam eine spannende Hörspielkassette hörten. Nur, dass das hier ein Realhörspiel war und der Elefant am anderen Ende nicht Törööö grölte, sondern: »Rosariooo! Komm her!« Sparbier orderte einen Mitarbeiter zu sich. Tamara erklärte uns schnell, dass es sich bei Rosario um einen italienischen Baggerfahrer handelt, der schon seit vielen Jahren für Sparbier arbeitet.

»Rosario, du wirst dich morgen inkognito im Schützenverein anmelden. Geh da hin, sieh zu, dass du bei denen unterkommst, und schau, dass du da mal etwas gute Stimmung für den Kasernenbau machst, damit die Vögel da ruhiger werden und nicht permanent meine Baucontainer durch den Ort fahren.«

»Cheffe, ich weiße nich, ob die Schießer ausgerechnet warten auf eine Italiener.«

Goiko, Sparbiers Kranführer Nummer 1, stimmte dem zu: »Chef, ich würd da auch nicht unbedingt den Itaker nehmen. Wie sieht dat denn aus, den Rosario in so 'ner Trachtenuniform. Dat is doch dat Erste, wat die dem armen Schlumpf andrehen. Mann, dat is 'n stolzer Abruzze.«

Sparbier schwieg kurz und entschied dann: »Rosario meldet sich da morgen an. Fertig! Ach ja, und dann haben wir noch ein drittes Problem. Im Ort formiert sich so eine komische Ökotruppe. Irgend so eine Omma geht da mit 'ner Zecke auf die Straße, angeblich, weil unsere Bagger nicht die

CO_2-Norm erfüllen und dadurch der Tasmanische Wolf diskriminiert wird. Oder so ähnlich.«

Der scheue Rosario meldete sich zu Wort: »Tasmanische Wolf isse doch schon ausgestorben. Den können wir nicht mehr kaputtbaggern.«

Ich hörte meine Nichte Tamara auf der Aufnahme ergänzen: »Der Chef meint die Spinnenart. Ich glaube, es gibt eine Spinnenart, die irgendwas mit Wolf genannt wird. Und die Aktivistin heißt Zora, die zornige Zecke. So ein depressives Emo-Girl, mit der ich früher in einer Klasse war. Die kann für das Bauvorhaben ganz schön problematisch werden.«

Führer Sparbier kannte nur Emu, gab nun aber klare Anweisungen: »Okay. Also, Rosario, du weißt Bescheid. Das Ding mit der Zecke behalten wir im Auge. Und Tamara, den Dr. Schredder mit seinem Bauauftrag ... Das müssen wir beide mal klären. Am kommenden Wochenende ist doch der halbjährliche Unternehmerempfang im Rathaus. Da könnten wir doch mal gucken, inwieweit wir sehr überzeugende Argumente auf den Tisch bekommen, damit der Schredder gar nicht anders kann, als uns den Bauauftrag nun endgültig zu geben. Das ist doch nur noch 'ne Formalie. Wir drohen dem so 'nen kleinen Shitstorm an, und dann hüpft der so, wie wir das wollen.«

Damit endete die Aufnahme. Tessa und ich schauten uns ratlos an.

»Äh, Tamara«, warf ich ein. »Und was will Sparbier jetzt von dir beim Unternehmerempfang?«

Es wurde mucksmäuschenstill. Dann hob Tamara den Kopf und sagte: »Ich soll dafür sorgen, dass Dr. Schredder den Auftrag unbedingt an Sparbier vergeben muss. Du weißt schon, ein bisschen nachhelfen. Ist doch offensichtlich. Und da Grotti doch schon seit Längerem auf Schredders Job scharf ist ... Na ja, könnte er doch dabei helfen.«

Ich machte einen Einwurf. »Grotti ist doch gegen den Kasernenbau. Warum sollte der sich für den Sparbier einsetzen?«

Tamara schaute mich entsetzt an. »Kai, wie lange kennst du deinen Neffen jetzt? Für 'ne Karriere in der Politik würde der sich sogar mit Hundekacke beschmeißen lassen.«

Ui, dachte ich mir. Das klang ja nach ganz großem Tennis. Und das bei uns im beschaulichen Borsen. Jetzt war also auch meine Familie Teil des ganzen Schmierentheaters geworden: Da sollen also meine Nichte und mein Neffe dafür sorgen, dass Sparbier sein Bauprojekt bekommt. Und das, obwohl Grotti doch insgeheim selbst den Tasmanischen Wolf retten möchte und auch Tamara im Hinblick auf unsere Familie nicht davon begeistert war, dass unser Vater beziehungsweise Oppa einen Schießstand vor den Salon bekommt. Wie passte das alles zusammen?

Von oben hörten wir das laufende Wasser und einen fluchenden Grotti vor dem Badezimmerspiegel: »Wenn man sich einmal die Finger schmutzig gemacht hat, kriegt man das nicht mehr ab! Ich mach mir nie, nie wieder die Finger an diesen ganzen Idioten schmutzig!«

Kapitel 7

Von barrierefreier Intelligenz, diskriminierten Mongolen und den Werbeplakaten der Deutschen Bahn AG

Eine Woche später beim Unternehmerempfang in der tropenholzverkleideten Markthalle von Borsen. Noch drei Wochen bis zum feierlichen Besuch des Ministerpräsidenten.

Der halbjährliche Unternehmerempfang bei uns im Ort ist neben dem Schützenfest und dem Besuch des Zahnarztes in der Grundschule ein großes Highlight für die Bewohner von Borsen. Zum einen, weil es dort günstiges Bier gibt, und zum anderen, weil sich jeder, egal in welcher Funktion er bei uns im Ort tätig ist, profilieren und präsentieren kann.

Sehen und gesehen werden ist das Motto. Ganz weit vorn dabei war auch diesmal unser Bürgermeister Gustav Bartolomeo, wie immer mit eigelbbefleckter Standardkrawatte, nebst aufgedonnerter Gattin, diversen Ordensträgern, also Schützenkönig und Karnevalsprinzessin, ebenfalls nebst Begleitung oder pudergrundiertem weiblichen Anhang, bis hin zu Nebendarstellern wie meinem Chefredakteur Gotthilf Bunsen.

Auch andere Vögel aus dem Ort, die endlich mal wieder Anlass bekamen, ihr Ballkleid oder den taubenblauen Kommunionsanzug aus der Mottentruhe zu kramen, wurden gesichtet. Mein Boss Bunsen stand mit einem aus veganem Klebefleisch und Remoulade zusammengedrückten Kanapee in der Hand neben mir.

»Kai, hatten die hier früher nicht mal Lachsschnittchen mit Dill und Meerrettich? Das wird ja immer schlimmer bei uns mit der Rumsparerei.«

Ich weigerte mich, erneut auf das Thema Essensvorschriften der Stadtverwaltung einzugehen. »Du, Gotthilf, was ist jetzt eigentlich aus eurer Werbebeilage vom Möbelhaus geworden?«

Bunsen schaute mich etwas hilflos an. »Ja, weg! Hab ich dir doch gesagt, dass der Breckmann da etwas empfindlich ist, was falsche Berichterstattung angeht.«

»Falsche Berichterstattung? Von mir? Wegen der Tulpenzwiebeln?«

Bunsen machte mich schlau. »Nein, mit deinen holländischen Tulpenzwiebeln in dem Bericht hatte das nix zu tun. Der Breckmann fühlte sich aber diskriminiert, weil seine Tochter, du weißt schon, die da in Utrecht Agrardingsbums studieren will, von Geburt an ihr linkes Bein nachzieht. Und da du ja in deinem Bericht gefragt hast, ob eine Kaserne mit Blick auf ihre Bauart tatsächlich auch für Behinderte geeignet sein müsse, war der schon auf der Palme und hat im Internet Stimmung gegen unser Blatt gemacht. Halt dich übrigens jetzt lieber zurück, die beiden sind heute auch da. Da vorn, die Tochter flirtet gerade mit deinem Neffen Benedikt.«

»Ja, aber Gotthilf, was war daran denn falsch? Die Stadt wird das Ding doch nun mal auch für Gehbehinderte bauen, obwohl das vermutlich für Polizeischülerinnen total überflüssig ist.«

»Mann, das heißt aber nicht ›für Behinderte‹, sondern ›für Menschen mit Behinderung‹. Du kannst sie auch ›Menschen mit besonderen Fähigkeiten‹ nennen. Die Polizeiwache wird, korrekt formuliert, barrierefrei. Du kannst doch in Deutschland nicht einfach eine falsche Wortwahl betreiben. Wir sind im 21. Jahrhundert. Da geht so was nicht mehr. Du bist Schreibender, schon vergessen? Heutzutage ist so was direkt diskriminierend. Wobei ich die furnierte Gelsenkirchener-Barock-Scheiße im Prospekt vom Breckmann eh nicht mehr sehen konnte. Der hatte ja noch Nierentische auf der ersten Seite. In Kakki! Oder diese fürchterlichen Schrankwände im weißen Klavierlack. Die Beilage ist weg, aber der Baumarkt will ab nächsten Monat die Lücke schließen.«

»In Kaki, nicht Kakki. Nur mein Neffe hatte einen Mantel in Kakki«, korrigierte ich Bunsen etwas altklug.

Ich freute mich über die entspannte Reaktion meines Chefs, war aber dennoch überrascht, inwieweit man meinen geschriebenen Worten so viel Beachtung schenkte und sie neu deutete. Ja, so weit ist es nun schon gekommen. Ganz gleich, ob man auf dem verschlafenen Land oder in der Großstadt lebt. Wenn du nicht die absolut korrekten Worte wählst, die gerade en vogue sind, dann gibt's eben einen Shitstorm im Internet, zumindest aber einen Aufschrei aus der Umgebung. Und dann folgt reflexartig der Versuch der öffentlichen Diskreditierung deines Namens und deines Rufs, ganz gleich, ob das, was du da von dir gegeben hast, nun verboten war oder nicht. Für die moralische Verboteritis sorgt die fröhliche Gemeinde der Internetuser schon ganz von allein. Irgendeiner fühlt sich schließlich immer angegriffen, und ein Zweiter reagiert darauf, weil er es genauso sieht oder ganz anders. So wohl auch in diesem Fall, als ich den Begriff »Behinderte« statt »Menschen mit Behinderung« benutzt habe.

Der Unternehmerempfang war inzwischen bereits auf dem Level feuchtfröhlich bis rotzbesoffen angekommen. Und viele Anwesende ließen es sich nicht nehmen, der hölzernen Aufforderung unseres auszulöschenden Zielobjekts Dr. Schredder am Mikrofon zu folgen, die Tanzfläche nicht nur zu betreten, sondern sich dort auch im Rhythmus von »It's Raining Men« zu bewegen.

Und während ich sah, wie nun plötzlich auch meine Nichte

Tamara mit ihrem Chef Sparbier gezwungenermaßen und etwas widerwillig einen Discofox tanzen musste, Dr. Schredder extrem uncool den Ententanz von 1982 reaktivierte und sogar Grotti, in Ekstase wabernd und mit dem Fuß wippend, mit der Breckmann-Tochter an der Theke stand, ging ich etwas in mich. Ich machte mir ein paar Gedanken über das Thema Diskriminierung und Diversität in unserer Gesellschaft: Natürlich möchte niemand, der körperlich in irgendeiner Form eine Abnormalität hat, nur aufgrund dieser Tatsache als etwas Besonderes, Komisches oder gar Minderwertigeres angesehen und durch unpassende Aussagen oder plumpe Beleidigungen diskriminiert werden. Zudem wollen viele Gehandicapte auch nicht, dass man um diese Besonderheit überhaupt so einen Aufruhr macht und es zur Debatte stellt. Die Frage, die sich also vielmehr ergibt, ist hier ähnlich wie beim Rassismus: An welchem Punkt fühlt sich ein gehandicapter Mensch überhaupt diskriminiert, und wie empfindet es der Betroffene selbst, im Gegensatz zu einer empörten Masse an Menschen, die jegliche Form von Äußerungen gleich als Diskriminierung darstellen? Und inwieweit ist überhaupt ein böser oder beleidigender Hintergedanke vorhanden, wenn wir zum Beispiel einen Menschen mit Trisomie 21 als »Downie« oder gar »Mongo« bezeichnen.

Die Debatte um dieses Thema ist sehr spannend, da die Betroffenen das ganz eindeutig beantworten können. Doch kurz die Eckdaten zu dieser bekannten Behinderung: Das Phänomen, dass Menschen mit einem Gendefekt auf die Welt kommen, heißt medizinisch korrekt ausgedrückt Trisomie 21, benannt nach der Besonderheit, dass das 21. Gen dreimal statt zweimal vorkommt. Hieraus wurde dann im Volksmund schnell das sogenannte Down-Syndrom, welches als Begriff nicht diskriminierend, aber auch nicht gerade vorteilhaft ist, da man damit »down«, also etwas Niederes, vielleicht Abwertendes assoziiert. Der Hintergrund ist allerdings ein anderer. Fakt ist nämlich, dass der Neurologe Langdon-Down den Begriff durch seinen Namen maßgeblich geprägt hat und er nun mal leider nicht Langdon-Super hieß. Von da an sprach man also häufiger vom sogenannten Down-Syndrom, was sich auch im Sprachgebrauch verfestigte. Viele machten aus den Menschen mit Down-Syndrom nun aber die Downies, was wiederum für Betroffene und Nicht-Betroffene häufig abwertend klingt, da es sich wie eine kleine Randgruppe von Hobbits anhört und stark dazu beitrug, dass die Betroffenen sich diskriminiert fühlten.

Ich persönlich bin mit dem Begriff mongoloid groß geworden, der auch der einzige war, den ich in Bezug auf Trisomie 21 kannte. Ein Kindergartenkumpel von mir war ein Trisomie-21-Kind und für uns alle nur der Sven. Sie werden es nicht glauben, aber man kann Kinder mit Down-Syndrom auch einfach nur mit dem Vornamen anreden. So wie jedes andere Kind auch, ganz egal, wie viele Chromosomen es hat oder auch nicht. Verrückt, oder? Da Kinder jedoch häufig naiv ihre Eltern fragen, was der denn da habe und warum der so anders aussehe, antworteten meine Eltern meist mit: »Der ist mongoloid.« Eine Information, die mir als Kind der achtziger Jahre nicht viel brachte, aber weder für Sven noch für seine Eltern in irgendeiner Form diskriminierend wirkte. Ich war wieder ein Stück weit schlauer, und Sven ab da weder schlechter, besser noch anders als je zuvor. Spaßig wird es eigentlich auch erst, wenn man sich den Hintergrund betrachtet, warum denn nun der Begriff »mongoloid« ebenfalls nicht mehr gesellschaftsfähig ist und dringend aus unserem Sprachgebrauch gekillt werden soll.

Der eben von mir schon vorgestellte Neurologe Langdon-Down verglich die Menschen mit Trisomie 21 nämlich nun tatsächlich diskriminierend mit dem Volksstamm der Mongolen. Eine optische Ähnlichkeit in den Gesichtszügen sei gegeben, sodass man ab sofort von Mongolismus sprach. Und nicht die Betroffenen selbst oder diverse Behindertenverbände wehrten sich nun dagegen, dass der Begriff »Mongoloide« oder gar »Mongo« abwertend klinge, sondern das Volk der Mongolen begehrte auf, doch bitte schön nicht mehr mit den Menschen mit Down-Syndrom verglichen zu werden. Hierbei ging es also nicht darum, die Menschen mit Trisomie 21 als diskriminiert zu betrachten, sondern die Mongolen fühlten sich nun ihrerseits diskriminiert, da sie nicht als »behindertes« Volk mit Abnormalien in Verbindung gebracht werden wollten.

An dieser Geschichte sieht man, inwieweit der Begriff Diskriminierung sich ins Gegenteil verkehren kann, da man sich auch von Diskriminierten diskriminiert fühlen kann, weil diese diskriminiert werden.

Und während sich die Tanzfläche der von Sparbier gebauten Markthalle bei uns im Ort immer mehr füllte und Grotti nun mit Tamara und meiner Lieblingsfotografin Tessa in der Ecke stand, um irgendetwas auszuhecken, erinnerte ich mich an weitere kuriose Fälle der letzten Zeit, in denen es um angebliche Diskriminierung ging. Denn auch bei diesem speziellen Fall der Verboteritis in Deutschland sind es vor allem die kuriosen Situationen, die mir zu denken geben, ob wir eigentlich noch all das sagen und tun dürfen, was früher ohne Probleme und öffentliche Shitstorms möglich war.

Bleiben wir mal beim Thema Diskriminierung von gehandicapten Menschen. Behindertenverbände beispielsweise heißen nach wie vor Behindertenverbände, obwohl sie die Verboteritis in diesem Land, was das Thema Diskriminierung und die richtige Wortwahl angeht, gern mal auf die Spitze treiben. Erste Geschäftsführer solcher Verbände fordern inzwischen, dass die Darstellung von Piraten, wie wir sie seit Jahrhunderten kennen, abgeschafft werden muss, da sie nicht mehr zeitgemäß sei. Einen Piraten generell als Menschen mit Holzbein und Augenklappe darzustellen, sei hochgradig diskriminierend für alle, die tatsächlich mit abgetrennten Gliedmaßen lebten, und müsse verhindert werden. Ein Captain Hook, den viele Disney-Junkies seit *Peter Pan* lieben und hassen gelernt haben, dürfe auf keinen Fall ausschließlich mit Enterhaken dargestellt werden. Auch der Name Captain Hook, also Kapitän Haken, sei zu ändern.

Eine Superidee, wie ich finde. Wir stellen uns also vor, dass alle Piraten und natürlich Piratinnen zukünftig Carbonprothesen tragen und nach einer verlustträchtigen Seeschlacht in der Augenklinik Kirchhellen-Süd mit einem Glasauge aus dem 3D-Drucker ausgestattet werden. Man kann davon ausgehen, dass die Gruppe der Menschen mit Behinderung die erste ist, die gerade diese falsche Form von Gleichstellung ablehnen wird.

Es geht jedoch nicht nur um die Diskriminierung von Menschen mit Behinderungen, Handycaps oder wie immer man nun das Phänomen nennen möchte. Diskriminierung und die Diskussion darüber, was überhaupt noch als in Ordnung und was schon als schwer diskriminierend bezeichnet werden muss, fängt nicht selten schon beim Namen an. Ich beziehe mich dabei nicht auf die Tatsache, dass Menschen ihren Kindern Vornamen wie Schantall oder Kevin geben. Über so was Banales würde ich mich nie humorvoll in einem Buch auslassen. Aber die Tatsache, dass ein ganzes Buchstabieralphabet mit vielen deutschen Vornamen plötzlich auf dem Prüfstand steht, ist da schon bemerkenswerter.

Wir alle sind doch mit diesem Klassiker am Telefon groß geworden. Rufe ich mal wieder bei einer Hotline an, weil mein Mixer nach nur vier Wochen den Geist aufgegeben hat, so kommt nach der Frage zur Kundennummer als Nächstes die Frage nach dem Namen, die ich meist korrekt mit »Twilfer« beantworte.

»Ach, Sie heißen Schäfer?«

»Nein! TWILFER!«

»Ich habe Wilfert verstanden. Ist das korrekt?«

»Nein! TWIIIIILFER!«

»Ach, Sie schreiben sich also mit fünf i im Namen, Herr Twitter?«

Dann fängt man verzweifelt mit dem klassischen Buchstabieren an: T wie Theodor, W wie Wilhelm, I wie Ida, L wie Ludwig, F wie Friedrich, E wie Emil und R wie Richard.

Na, ist Ihnen dabei was aufgefallen? In dieser Abfolge finden sich nun sechs Vornamen von Männern und nur ein Frauenname. Wenn das mal nicht diskriminierend ist, dachte sich das Deutsche Institut für Normung, bei dem sich auch mein Neffe Grotti sicher pudelwohl fühlen würde, und entschied, dass dieses Buchstabieralphabet nicht mehr zeitgemäß ist. Es mangle wie immer an Diversität und sei zudem diskriminierend gegenüber den Frauen und anderen Nationalitäten, die neben den urdeutschen Namen wie Otto oder Siegfried nicht vorkämen. Um nun aber nicht den Fehler zu begehen, dass man demnächst komplett gendergerecht A wie Ashlyn-Mareike, F wie Finn-Luca und O wie Olivia Jones buchstabieren muss, entschied man sich für Städtenamen, die zudem ein wenig kosmopolitische Weltoffenheit ausstrahlen sollen. Ab 2022 werden also Städtenamen der kulturellen Vielfalt Deutschlands gerecht, und niemand fühlt sich mehr diskriminiert. Obwohl das auch nicht so ganz richtig ist, wenn es dann zukünftig heißt: M wie Mannheim. Denn dann kann man sich sicher sein, dass alle Frauen dagegen protestieren und sich nicht schon wieder die Kerle im Alphabet wünschen. D wie Dortmund zum Beispiel wird alle Schalker diskriminieren, und auch bei M wie Mongolei-City würde der Behindertenverband wieder auf die Palme gehen. Man kann es also drehen und wenden, wie man will. Irgendeiner ist immer beleidigt und fühlt sich diskriminiert.

Ein großes Thema, wenn es um Diskriminierung geht, ist natürlich auch die Religion. Ich erinnere nur an die Debatte aus den neunziger Jahren, als es darum ging, ob man in einem deutschen Klassenzimmer ein Kreuz an die Wand nageln darf oder nicht. Und ob das eventuell im katholisch geprägten Bayern maßgeblicher wäre als an einer Hauptschule in Duisburg-Marxloh. Es wurde dagegen geklagt, und das Bundesverfassungsgericht erließ das sogenannte Kruzifix-Urteil, wonach alle Kreuze in deutschen Klassenzimmern unzulässig seien, da sie dort als allgemeines Religionssymbol hingen und dies laut Grundgesetz die Religionsfreiheit einschränke. Von dem Kruzifix-Beschluss nicht betroffen waren übrigens sämtliche Plus+-Zeichen in Mathearbeiten, da sie nicht gegen die Religionsfreiheit verstießen.

Aber nicht nur religiöse Symbole sind seit längerer Zeit Teil einer großen Diskriminierungsdiskussion, auch Begriffe wie »Weihnachtsmarkt« stehen regelmäßig und immer zum Beginn der Adventszeit auf dem Prüfstand. Gegner argumentieren, dass der Begriff »Weihnachten« doch zu sehr das Christliche, also eine bestimmte Religion, betonen und man mit dem Begriff »Wintermarkt« besser fahren würde. Einige Städte haben sich dem bereits brav angeschlossen und bewerben ihre Weihnachtsmärkte nun als Wintermärkte.

Geschickt argumentiert, begründet man dies selbstverständlich nicht mit dem Diskriminierungsverdacht, sondern aus der Tatsache heraus, dass der Markt inzwischen von November bis in den Januar stattfindet. Und da sei ja schließlich kein Weihnachten mehr. Aus meiner Sicht wäre der Begriff Printenkirmes in Sachen Diskriminierung recht unbedenklich, und die Weihnachtsmänner beim Aldi müssten dann ab September Herbstmännchen heißen. Schließlich wurden dort im Supermarkt auch schon politisch korrekt Blumen mit dem Namen Winterstern verkauft, die auffallend an den klassischen Weihnachtsstern erinnerten. Laut Konzern sei die Betitelung aber erfolgt, weil die Blume etwas weißer sei und daher an den Winter erinnere. Aha, nun gut, wenn man es uns doch so schön begründet.

Ähnlich ist es in Sachen Diskriminierung von Berufsgruppen und bei der sexuellen Orientierung. Ein Parkhausbetreiber kam beispielsweise auf die Idee, gewisse Parkbuchten in Regenbogenfarben zu kolorieren, um zu zeigen, dass man in diesem Auto-Etablissement Wert auf Vielfältigkeit legt und niemand diskriminiert wird. Jeder Homo- oder sonst wie Sexuelle sei, inklusive Fahrzeug, auf diesen Parkplätzen willkommen. Dass der Parkhaus-Boss damit aber genau das Gegenteil bewirkte, sich nämlich jeder Parkende als diskriminiert fühlte, eben weil er wie ein Exot auf einem eigens regenbogenfarben gepinselten Parkplatz stand, erkannte der Betreiber des Parkhauses wohl nicht.

Genauso verhielt es sich bei der Fußball-EM 2021, als die

Fifa verbot, dass die Münchner Allianz Arena in Regenbogenfarben leuchtete, um ein Zeichen für Toleranz insbesondere ins homophobe Ungarn zu senden. Das eigentliche Fußballspiel fand dabei auf den Zeitungsseiten im Vorfeld gar nicht statt. Die Debatte um die Beleuchtung eines Fußballstadions hingegen dominierte die Tagespresse gefühlt über Wochen. Na, wenn wir sonst keine Sorgen haben – warum denn nicht?

Es ist ohnehin ein Phänomen der heutigen Zeit, dass Werbeagenturen, Firmen und Stadtobere zu jeder Zeit bemüht sind, nun wirklich alle Ethnien und Randgruppen in ihrer Werbebotschaft vereinen zu wollen, um gar niemanden zu diskriminieren, indem man ihn weglässt und so suggeriert, man habe ihn (bewusst) vergessen.

Im besten Fall gelänge das wahrscheinlich, indem man einen dunkelhäutigen ostdeutschen transsexuellen Rentner im Rollstuhl darstellt, der eine vegane Suppe isst und ein Bio-T-Shirt mit dem Aufdruck »AfD, nein danke!« trägt. Da wäre vieles dabei, was der werbenden Firma einen Shitstorm vom Leibe hält, weil nicht vielfältig genug geworben wurde.

Die Deutsche Bahn macht so was Ähnliches gern, da auch sie 2019 eine (Plakat-)Werbekampagne auf den Weg brachte, bei der man Zugreisende ausschließlich mit Migrationshintergrund abgebildet sah. Darunter den Fernsehkoch Nelson Müller, die Moderatorin Nazan Eckes und den Formel-1-Weltmeister Nico Rosberg. Ich möchte an dieser Stelle nicht wieder das Fass aufmachen, das damals mit einem Shitstorm über den Grünen-Politiker Boris Palmer entleert wurde, der dieses Bild der deutschen Gesellschaft total weltfremd fand, aber dennoch die Frage aufwerfen, warum wir uns über so einen unwichtigen Mist eigentlich so viele Gedanken machen?

Dass mit der Deutschen Bahn, wenn sie denn mal fährt,

täglich Menschen diverser Herkunft umherjuckeln, ist wohl selbst dem hinterletzten Politiker inzwischen bekannt. Und dass die Deutsche Bahn nicht ausschließlich mit urdeutschen Gesichtern wie Robert Geiss oder Michael Wendler wirbt, ist doch auch wieder sympathisch. Ich habe mir mal den Spaß gemacht und geschaut, wer oder was eigentlich in den siebziger und achtziger Jahren auf den Werbeplakaten der Deutschen Bahn diskriminiert oder dargestellt wurde. Sie werden nicht glauben, was mir da begegnet ist: Auf einem Werbeplakat der Deutschen Bundesbahn aus den achtziger Jahren ist doch tatsächlich ein fahrender Zug abgebildet. Unglaublich, oder? Ein Bahnunternehmen wirbt mit einem Zug statt mit den Passagieren. Und zwar einem Zug, der auch noch fährt. Darüber der Werbespruch: »Alle reden vom Wetter. Wir nicht.« Na, wenn das mal nicht realitätsfremd und gesellschaftlich total daneben war, dann weiß ich auch nicht. Noch schöner ist der mehr als dekadente Werbespruch: »Ich habe genug, ich fahr mit dem Zug.« Darunter das Foto eines Jaguar E-Type, wie ihn der durchschnittliche Bahnkunde, der morgens mit der S-Bahn zum Stahlwerk fährt, in der Garage stehen hat. Und als drittes Beispiel ein wunderbares Plakat, auf dem ebenfalls wieder sehr langweilig zwei Loks abgebildet sind mit der umweltbewussten Überschrift: »Wir gewöhnen uns das Rauchen ab.«

Daher zum Schluss die Frage: Haben Sie in den achtziger Jahren auch mal ein Raucherabteil der Deutschen Bundesbahn betreten? Da hatte man Angst um seine Lunge und seine brennenden Augen, aber nicht vor der Frage, ob dort auch alle Nationalitäten sitzen und sich niemand diskriminiert fühlt.

Die CDU wiederum hat sich mal mit dem Thema Diskriminierung von Berufsgruppen in die Nesseln gesetzt. So richtig um Diskriminierung ging es da eigentlich gar nicht, aber dennoch fühlten sich Tätige diverser Berufsgruppen etwas veräppelt, wie meine Omma zu sagen pflegte. Die CDU war nämlich auf die glorreiche Idee gekommen, für eine Plakatkampagne nicht die Menschen abzulichten, die tatsächlich in den dargestellten Berufen arbeiten, sondern schlichtweg Mitarbeiter der Partei. Man begründete das mit der großen Virus-Pest, die in Deutschland wütetete, und den daraus resultierenden Kontaktbeschränkungen, die es einfacher machten, die Mitarbeiter der Partei zu Statisten und Fotomodels zu degradieren. Und so sah man nun also den Pförtner der Partei als Polizeikommissar verkleidet, die Vorzimmerdame als junge Mutter mit Kind (ist ja auch ein Beruf) und eine als Pflegekraft verkleidete Pressesprecherin. Der damalige Parteichef ging als Clown, der Generalsekretär als Cowboy und Friedrich Merz als Indianerhäuptling. Schon war der christlich demokratische Karnevalsverein komplett, und man konnte sich brüsten, dass die CDU eine Partei für alle ist.

Zumindest für alle, die sie wählen können, wenn sie sich in irgendeiner Form mit der Berufsgruppe identifiziert hatten oder es zumindest als löblich empfanden, dass die CDU doch tatsächlich eine Pflegekraft optisch ansprechend in den Mittelpunkt ihrer Wahlkampagne stellte. Dass es sich nur um Maskerade handelt und die wahren Menschen hinter den Berufsgruppen das eventuell als diskriminierend empfinden könnten – geschenkt! Zudem wurde behauptet, dass man die wahren Mitarbeiter der Berufsgruppen, wie Pfleger und Polizisten, für das Fotoshooting nicht von der Arbeit abhalten wollte. Gut also, dass die CDU-Mitarbeiter da einen besseren Job haben und anscheinend gar keiner Arbeit nachgehen, von der man sie hätte abhalten können.

Ich persönlich hätte es ja toll gefunden, wenn die CDU-Mitarbeiter sich zumindest in coole und ausgefallene Berufskostüme gezwängt hätten. Ein Parteivorsitzender als Bestatter wäre doch toll gewesen. Oder ein Generalsekretär als Croupier, der alles auf eine Karte setzt. Eine Pressesprecherin als Puppendoktorin und der Hausmeister im Konrad-Adenauer-Haus als Sprengmeister. Auch diese Berufsgruppen sind wahlberechtigt und würden sich bei so viel Humor bei der nächsten Wahl sicher für die richtige Partei entscheiden.

Doch zurück zu den Berufstätigen bei mir im Heimatort und dem Unternehmerball beziehungsweise dem Plan meiner lieben Verwandtschaft, den Bauauftrag für die überflüssige Baumaßnahme einer Police Academy in Borsen dem ansässigen Bauunternehmers Sparbier zukommen zu lassen. Warum auch immer.

Grotti und Tessa 8 kamen auf mich zu. Mein Neffe grinste bis über beide Ohren.

»So, die amtliche Maßnahme wurde vollstreckt. Mein Karriereweg zum Assistenten des Bürgermeisters ist geebnet. Tessa ist die glücklichste Fotografin der Welt, und meine liebe Schwester Tamara hat sich bei Dr. Bichel für die Sahnekapseln bedankt.«

Mir fiel fast das Kanapee aus der Hand.

»Dr. Bichel? Das ist doch der Zahnarzt bei uns im Ort? Was hat der denn mit deinen amtlichen Maßnahmen zu tun, Grotti? Und was für Sahnekapseln?«

Nachdem mein Chef Bunsen nun den melodischen Klängen von »Love Is In The Air« nicht widerstehen konnte und ebenso wie besagter Zahnarzt mit allen anderen ausgelassen tanzte, redete Grotti Tacheles.

»Pass auf, Kai, Lauscher an! Der Bichel hat uns über seinen

Lieferanten Lachgasampullen besorgt. Also, so kleine Sahnekaspeln, die mit Lachgas gefüllt sind …«

Empört unterbrach ich Grotti, während er mir so eine Kapsel zeigte und Tessa ihre Fotokamera aus der Tasche holte.

»Verboten in Deutschland, Grotti!«

»Nein, Kai, eben nicht. Ich als baldiger Bürgermeister dieses Ortes würde doch nie was Verbotenes tun, um meine Karriere zu beschleunigen. Die Dinger kannst du vollkommen legal seit 2016 bestellen, inzwischen sogar im Internet. Bichel hat uns drei so Kapseln besorgt.«

»Ja und was hat das jetzt mit Schredder zu tun? Ich dachte, ihr wolltet den mal eindringlich davon überzeugen, dass der Bauauftrag in Borsen bleibt?!«

Grotti smilete erneut wie ein berauschtes Emoji, und auch Tamara zeigte sich sehr amüsiert über das, was passiert war, als ich die letzte halbe Stunde gedankenverloren an meinem Kanapee rumgemümmelt und über das Thema Diskriminierung sinniert hatte.

Ich fasse mal zusammen, an was für einer Schweinerei meine buckelige Verwandtschaft und meine liebste Kollegin Tessa da beteiligt gewesen waren. Zugegeben, der Plan und die Umsetzung waren nicht schlecht. Es war quasi zum Schlapplachen beziehungsweise zum Wegschmeißen.

Während Grotti sich nämlich entgegen seiner persönlich biederen Art auf die Tanzfläche begab, hatte sich Tessa mit ihrer Nikon auf die Lauer gelegt, um Dr. Schredder in einem für ihn, sagen wir, recht unpassenden Moment per Schnappschuss abzulichten: Dr. Schredder, der am hinteren Rand der Tanzfläche stand, wurde nämlich indessen von Tamara besucht und von ihr, nun ja, ein bisschen weiblich charmant umgarnt. Ein paar nette Komplimente hier, ein gemeinsames Sekt-Stößchen da und die Hoffnung, dass Dr. Schredder sich dabei sichtlich amüsiert zeigt und der Albernheit preisgibt. Was er aber leider nicht tat, da Schredder nun mal nicht fürs Fröhlichsein geboren war, sondern seine Mimik eher der holländischen Polizeiinspektorin ähnelte.

Grotti hatte unterdessen den Lambada angestimmt und tanzte sehr ausgelassen mit ihr. Ja, mit *ihr*. Mit der Tochter des Möbelverkäufers Breckmann, die mit dem hinkenden Bein. Und als Tamara dann nichts anderes übrig blieb, als unser Zielobjekt Dr. Schredder mit einer Sahnekapsel voll mit Lachgas zur Ekstase zu bringen, um ihn etwas ungehaltener zu bekommen – war es dann passiert. Der größte Medienskandal der Weltgeschichte!

Na, sagen wir, der größte mediale Skandal bei uns im Ort: Der Assistent des Bürgermeisters, Herr Dr. Schredder, steht feixend und sich totlachend im Hintergrund am Rande der Tanzfläche und beobachtet, wie sich Konstanze Breckmann, die von allen im Ort hochgeschätzte Tochter des stadtbekannten Möbelunternehmers, beim Lambada mit Grotti voll auf die Schnauze legt, weil der sie aus Tollpatschigkeit aus seinem zärtlichen Griff entlassen hatte. Tessa 8 hatte das Foto ihres Lebens geschossen.

Sie müssen sich das mal vorstellen. Ein Politiker und möglicher Kandidat bei der nächsten Bürgermeisterwahl, der sich der Situation vollkommen unangemessen in einem solch schlimmen Moment über eine Person lustig macht, die auch noch gehandicapt ist. Was war das nur für eine lasche Haltung?

Kapitel 8

Von spaßbefreiten Medien, ungeübten Autofahrern und mörderischen Märchen

Eine Woche später war ganz schön Bewegung in die Angelegenheit gekommen. Das lag vor allem daran, dass der Bauauftrag für die Polizeikaserne nun endgültig an die bei uns im Ort ansässige Baufirma Sparbier gegangen war, da das Kuddelmuddel zwischen Dr. Schredder und der holländischen Bauunternehmung ein plötzliches Ende gefunden hatte.

Dr. Schredder war auf freundliche Zurede von dem für Borsen zuständigen Motorradclub von allen politischen Ämtern zurückgetreten worden. Unser Bürgermeister Bartolomeo zeigte sich ebenso entsetzt über diese ganze Fröhlichkeit wie der Rest der Stadtoberen. Wie kann ein politisches Mitglied seines Rathauses nur so was Unangemessenes wie Humor zeigen und lachen? Ein Desaster, für das es keine andere Möglichkeit als Rücktritt gab.

Das große politische Stühlerücken war also in Gang gekommen, welches auch mein Nerv-Neffe Grotti Olm für sich nutzen konnte. Um die Strafanzeige von Möbel Breckmann wegen fahrlässiger Körperverletzung an der Tochter des Hauses kam er zwar nicht herum, aber karrieretechnisch tat so eine Anzeige Grottis Bestreben, mal Bundeskanzler zu werden, in Borsen keinen Abbruch. Bartolomeo konnte mit den fürchterlichen Resopal-Küchen von Möbel Breckmann offenbar auch nie wirklich was anfangen und fand die ganze Aktion derart dramatisch, dass er Grotti zum Gespräch bat.

So ergab es sich, dass Grotti in der darauffolgenden Woche aufgrund des lustigen Dr. Schredders den nächsten Schritt auf der Karriereleiter tat und neben dem Posten im Kommunalamt nun auch die Stelle des Cheforganisators für den anstehenden Ministerpräsidentenbesuch bekam. Nicht die große Weltpolitik, aber immerhin ein Anfang. Und Sparbier konnte sich nun als offizieller Bauträger der Polizeikaserne auf den Disput mit dem Schützenverein konzentrieren, der die Baumaßnahme immer noch ablehnte und mit dem Umherfahren der Wohncontainer im Ort zu sabotieren versuchte.

In Borsen sah es zu diesem Zeitpunkt schlimmer aus als im Containerterminal des Hamburger Hafens. Wutbürger Tillmann Dorp verteilte die Behelfscontainer der holländischen Eliteeinheit »De Zauberflötjes« mit dem Gabelstapler im ganzen Ort und darüber hinaus, sodass der Küchencontainer schon auf dem Hundeübungsplatz stand, der Toilettencontainer vor dem Rathaus platziert wurde und der Lagercontainer für die Bratschen von Dorp mit der Mistgabel sogar bis nach Venlo auf den Marktplatz gefahren worden war, um auch im Heimatland der Polizeianwärterinnen klarzumachen, dass man in Borsen keine Ordnungshüterinnen in a-Moll wünsche.

Es waren noch gut zwei Wochen bis zum feierlichen Besuch des Ministerpräsidenten auf dem Schützenfestplatz, und neben der Tatsache, dass die dort platzierten Wohncontainer permanent hin und her gefahren wurden, herrschte auf dem Matschfeld des Grauens generell eine sehr angespannte Lage. Zudem wollte unser Bürgermeister, dass der Besuch perfekt vonstattenging, sodass er es für unabdingbar hielt, vorher einen Probelauf mit den anwesenden Polizeischülerinnen, dem Bauträger und allen anderen Beteiligten zu machen, der schon in der kommenden Woche stattfinden sollte.

Die Auflage des *Rundwurfs* wurde von meinem Chef Gotthilf Bunsen unterdessen direkt um einhundert Exemplare erhöht, sodass wir nun erstmals eine vierstellige Auflage hatten und mein Boss sich wie der Herausgeber der *Frankfurter All-*

gemeinen Zeitung fühlte. »Pulitzer-Preis, wir kommen!«, war die Devise nach dem Lachgasattentat auf den quietschvergnügten Herrn Dr. Schredder.

Ich hatte durch diesen ganzen Wirbel viel zu tun bekommen und schrieb mir die Finger zu den Themen wund, die ab sofort unseren Ort beherrschten. Dennoch machte ich mir in den nächsten Tagen noch mal Gedanken darüber, wie es dazu kommen konnte, dass man in diesem Land mit einem freundlichen Gesichtsausdruck aneckt. Sollte man nicht davon ausgehen, dass es grundsätzlich positiv ist, wenn Menschen lachen und nach außen hin Freude ausstrahlen? Die neuen Medien sorgen aber inzwischen dafür, dass wir uns anders und wesentlich dezenter und zurückhaltender in der Öffentlichkeit verhalten als noch vor der Erfindung des Internets und der Smartphones. In der heutigen Zeit, in der alles gefilmt, beobachtet, analysiert und gepostet wird. Welche Auswirkungen hat das zum Beispiel auf Politiker und ihr öffentliches Auftreten? Auch hier herrscht eine Art selbst auferlegte Verboteritis, wie mir durch den Vorfall bewusst geworden war.

Schauen wir mal erneut auf die Fußball-Bundesliga, einen Circus Maximus, in dem man vor gut zwanzig Jahren noch die Sau rauslassen durfte. Ein Ort, an dem man vor laufenden Kameras lachen, weinen und sich problemlos aufregen durfte. Fußball, die schönste Nebensache der Welt, bei der es Kommentatoren gab, die frei von der Leber weg reden konnten und kundtun durften, was sie wollten. Die uns mit lustigen unzensierten Sprüchen und mit den Geschichten unterhalten haben, die sich oft neben und nicht nur ausschließlich auf dem Fußballplatz abgespielt haben. All das scheint einem normierten, kapitalisierten Geschäft gewichen zu sein, bei dem es zwar auch früher schon um Geld ging, aber Lachen und Spaß am Entertainment heutzutage augenscheinlich nicht mehr im Vordergrund stehen. Erst neulich beobachtete ich wieder zwei Fußballer, die vor dem Anpfiff auf dem Spielfeld miteinander sprachen. Sie hielten dabei ihre Hand vor den Mund, damit niemand aus den Medien an den Lippen ablesen konnte, was sie so zu bereden hatten. Das hätte es früher nicht gegeben und zeigt, dass heute viele in der Öffentlichkeit Stehende Sorge haben, dass andere etwas mitbekommen, was man ihnen im Nachhinein medial um die Ohren hauen könnte. Jeder soll beim Reden so kurios aussehen, wie er möchte, aber authentisch und ungezwungen ist das nicht mehr.

Wie schön war es doch früher, als Spieler wie Klinsmann in freilaufender Euphorie ganze Werbedisplays eingetreten haben, Rudi Völler die Moderatoren fast mit Weißbier überschüttet hat und Lothar Matthäus kurz davorstand, dem Feldreporter das Mikro in den Allerwertesten zu schieben. Das waren Emotionen pur, die kein Berater oder vereinsinterner Pressesprecher mehr unter Kontrolle hatte und die das Ganze menschlich machten. Niemand dieser Protagonisten musste Angst haben, einen Tag später dafür im Internet gekreuzigt zu werden. Nicht zuletzt an diesem Punkt war früher vieles ein Stück weit scheißegaler und vor allem authentischer.

Auch die Sportmoderatoren haben diese Zeitenwende zur neuen deutschen Korrektheit zu spüren bekommen. Das Kommentatoren-Urgestein Jörg Dahlmann, vom Publikum sehr geschätzt, sagte in Bezug auf einen japanischen Fußballspieler vor einiger Zeit, dass dieser ja aus dem Land der Sushis kommt. Peng! Rassismus-Anschuldigung, Freistellung von seinem damaligen Sender und in den sozialen Medien wurde er an den Pranger gestellt, wo er dann mit dem verbalen Samuraischwert in kleine Fischstückchen zerhackt wurde.

Auf der anderen Seite gab es aber auch jede Menge Zuspruch, warum diese Aussage denn in Gottes Namen ein Problem gewesen sein solle. Was hätte Dahlmann denn stattdessen sagen sollen? Japan ist nun mal das Land der Sushis und nicht das der Kohlrouladen. Er hätte auch genauso gut sagen können, dass ein Spieler aus dem Land des Ouzos oder aus dem Land der Paella stammt. Die Quintessenz aus dem Ganzen ist, dass zukünftig jeder Fernsehkommentator oder Moderator es sich dreimal überlegen wird, was er denn nun vor angeschaltetem Mikrofon kundtut. Was dabei auf der Strecke bleibt, ist Spontaneität, ein hoher Unterhaltungswert und ein lockerer Umgang mit dem gesprochenen Wort, das häufig noch tödlicher sein kann als das geschriebene.

Oder denken Sie mal an die sogenannten Flitzer, die gern (halb) nackt durch das Stadion laufen, um den Mittelstürmer zu umarmen oder die eigene Omma zu grüßen? Ich kenne in meinem Umfeld niemanden, der das nicht lustig findet, da die Ordner ja in der Regel in der Überzahl sind und das Spiel so nur für wenige Minuten unterbrochen wird. Diese Flitzer gibt es immer noch, aber der Weltfußballverband Fifa hat entschieden, dass man auch das unterbinden muss, zumindest insofern, als dass die Kameras, wenn ein Nackter aufs Feld läuft, fröhlich feiernde Familien auf den Rängen zeigen sollen. Einige halten das sogar für Zensur und fragen sich, warum man diese unterhaltsamen Episoden eines oft langweiligen Fußballspiels ausblenden muss. Nun gut, nicht jeder Flitzer hatte Ansehnliches zu bieten.

Man kann also feststellen, dass wir zwar inzwischen ein wesentlich größeres Angebot an Medien in diesem Land haben, diese aber in Prüderie und falschem Anstandsdenken zu versinken drohen. Die Anzahl der Bild- und Sprachpolizisten ist durch die starke Verbreitung von Social Media und anderen Quellen derart gewachsen und feinfühliger geworden, dass dadurch Humor und Ungezwungenheit gern mal auf der Strecke bleiben. Gleichzeitig übersieht diese Sittenpolizei aber die ausufernden Tiraden an geschriebenen und gesprochenen Beleidigungen, Rufmorden und primitiven Einzeilern, die nicht selten ungefiltert und anonym das Internet und speziell die sozialen Medien fluten.

Apropos: Ist Ihnen eigentlich mal aufgefallen, dass wir in den deutschen Musik-Hitparaden über viele Jahrzehnte hinweg die schöne Tradition hatten, dass es dort in regelmäßigen Abständen sogenannte Gaga-Songs gab? Ne, das hat nichts mit Lady Gaga zu tun, sondern es bezieht sich auf diese schön albern blöden Musiktitel, die sicher nie einen Grammy gewonnen hätten, aber über Wochen die deutschen Hitparaden im Griff hatten. In den siebziger Jahren war bei Didi Hallervorden und Helga Feddersen bereits die Wanne voll, bevor man in der Neuen Deutschen Welle »Gas gab« und es in den neunziger Jahren dann so richtig abging. Damals erklärte uns Helge Schneider was über Katzeklos, und die Spaßlied-Ikone Stefan Raab folgte mit dem Maschendrahtzaun auf Schnappi das Krokodil. Wir haben einfach nicht alles so furchtbar ernst genommen und Freude daran gehabt, auch mal kindlich albern sein zu können, indem wir solche Lieder auf dem Grillfest mitsangen und sie dadurch zu Chartstürmern machten.

Schaue ich mir die Hitlisten der letzten zehn Jahre an, so finde ich eher Gaga-Songs, die nicht albern, aber dafür bierernst sind und natürlich ganz oft auch eine soziale Message beinhalten müssen. Alles darüber hinaus scheint nur noch am Ballermann eine musikalische Zukunft zu haben. Das Nicht-Mainstreamige scheint aus unserem Musikkosmos verschwunden zu sein. Generell vermisse ich so revolutionäre und innovative Fernsehgesichter wie Stefan Raab oder Harald Schmidt sehr. Typen, die sich und die Fernsehlandschaft nie so furchtbar wichtig genommen, es aber dennoch verstanden haben, mit dem, was sie tun, das Publikum zu unterhalten. Eine leicht anarchische Sendung wie *TV total* lebte nun mal davon, dass man sich über das eigene Medium und alle, die darin vorkamen, lustig machte.

Das ist heute nicht mehr ganz so einfach, wie der Raab-Nachfolger Sebastian Pufpaff erkennen musste. Nach nur wenigen Sendungen war wohl allen klar, dass es nach sechs Jahren Pause nicht mehr das alte *TV total* gibt und man auch hier jedes Wort auf die Goldwaage legen muss, bevor es auf die Zunge des Moderators wandert. So regte Pufpaff in einer Sendung an, dass man doch nach der Bundestagswahl mal die flotteste Biene der FDP suchen soll. Wenn wir uns an Rainer Brüderle erinnern – der hätte das wohl durchaus sagen können. Aber ein Fernsehmoderator, Kabarettist und humoraffiner junger Mann in einer Fernsehshow? Um Gottes willen, purer Sexismus! Eine zweite Entgleisung will man gesehen haben, als es sich Pufpaff doch tatsächlich erlaubt hat, mit einem falschen BVB-Mannschaftsbus das Stadiongelände von Borussia Dortmund zu befahren. Das Ganze war ein TV-Beitrag in Verbindung mit dem Bundesliga-Klassiker Dortmund gegen Bayern. Während man Hape Kerkeling bei seinem Spontanbesuch als holländische Königin im Schloss Bellevue in den neunziger Jahren noch eindringlich, aber durchaus amüsiert des Platzes verwies, bekam Pufpaff als Quintessenz für diesen humorvollen und niemandem schadenden TV-Gag vom BVB-Geschäftsführer Hans-Joachim Watzke daraufhin Stadionverbot erteilt. Zumindest Pufpaffs Aussage nach. Der

BVB widersprach, da der »Vorgang« noch nicht überprüft worden sei. Wie humorfrei muss man in dieser durchgestylten Medienwelt eigentlich sein, um so einen Klamauk noch aufwendig aufarbeiten zu müssen? Der gute alte Schalke-Manager Rudi Assauer, Gott hab ihn selig, hätte Pufpaff zum Bier eingeladen und ihm für so viel Werbefernsehen eine Dauerkarte geschenkt …

Auch an diesem Fall sieht man, dass der lockere Humor, den wir doch alle so schätzen, und außergewöhnliche Typen wie ein Hape Kerkeling das Salz in der Suppe des Alltags sind. Wir sollten daran festhalten und dafür kämpfen, dass wir uns diese besonderen (medialen) Momente nicht selbst nehmen, indem wir alles bis ins Kleinste zerpflücken und hinter jedem Spruch eines Medienschaffenden gleich den Weltuntergang sehen. Unsere Medienlandschaft wird dadurch arm und ärmer an Kreativen, die sich auch mal was zu zeigen und zu sagen trauen. Jeder Satz im Internet, der irgendwas kritisch sieht, regt einen weiteren User dazu an, darauf zu reagieren. Und da es im Leben immer zwei Meinungen gibt, kann eine kommentierbare Meinung im Internet gar nicht zu einem Ziel führen, da viele Internetuser überhaupt nicht in der Lage sind, eine konstruktive Diskussion zu führen. Würden sich nur zwei Leute im Netz über eine Sache streiten, wäre das sicher möglich. Ist es jedoch eine ganze Netzgemeinde, so ist es unmöglich, allen gerecht zu werden, und der Wortbeitrag ufert ins Bodenlose aus.

Auch die Medienkonzerne selbst sind nicht mehr so entspannt im Umgang und unsicher, was man denn zeigen darf und wie man es zeigen darf. Man möchte es jedem Zuschauer recht machen und niemanden vor den Kopf stoßen. Mit anderen Worten: Man weicht das aktuelle Programm so lange auf, bis es keine Ecken und Kanten mehr hat und somit keinem mehr wehtun kann.

Bestes Beispiel hierfür ist sicher der *Tatort* in der ARD, der sich als heiliges Kulturgut am Sonntagabend bereits seit vielen Jahren anschickt, eine möglichst große sozialpolitische Komponente zu beinhalten. Kein *Tatort* kommt heute mehr ohne ein sozialkritisches Thema aus. Während Kommissare früher noch »Scheiße« rufend durch Duisburg zogen oder als Harry bei der Konkurrenz schlichtweg den Wagen holen mussten, so sind heute die Handlungen im Tatort vollgepackt mit Alltagsproblemen, sozialkritischen Untertönen und dem erhobenen Zeigefinger, wenn es um Dinge wie Rassismus, Toleranz oder die Darstellung von Minderheiten geht. Aber wollen wir sonntagabends überhaupt mit derart erhobenem Zeigefinger unterhalten werden? Wollen wir nicht lieber eine Welt sehen, die anders ist als der ganze gesellschaftskritische Mist, der uns ohnehin schon von morgens bis abends beschäftigt? Ich erwarte ja nicht das große freudestrahlende Fernsehballett in einem Krimi. Aber gibt es zwischen dem ausgeuferten Klamauk der Münsteraner *Tatort*-Buddies und dem depressiven Sozialdrama noch eine Mitte, die eine breite Masse an *Tatort*-Jüngern fröhlich, spannend und nicht albern unterhält? Derzeit scheint da nicht viel in Sicht zu sein.

Und wenn Sendungen im Fernsehen präsentiert werden, die eventuell auch mal etwas Anrüchiges beinhalten, so wird darauf nun glasklar hingewiesen. Es ist schon sehr merkwürdig, dass sich Kinder in diesem Land mit einem Klick im Internet härteste und vielfältigste Pornografie vollkommen unzensiert anschauen können, vor jedem Bud-Spencer-Film bei Amazon Prime, freigegeben ab sechs Jahren, aber der Warnhinweis kommt, dass er auch Gewalt beinhalten kann. Auf alles muss halt politisch korrekt hingewiesen werden. Wenn die Maus Jerry den Kater Tom in meiner Kindheit durch eine geschlossene Tür laufen ließ, war das aber auch Körperverletzung. Da hätte man vorher ebenfalls einen Warnhinweis einblenden können: »Vorsicht! Jugendgefährdende Weltanschauung!«

Amazon Prime hat diese Warnhinweise mit Blick auf Sex, Drogen, Gewalt, Schimpfwörter mittlerweile vor viele Filme geschaltet. Der Streaming-Anbieter Disney+ geht da noch einen Schritt weiter und versieht viele harmlose uralte Zeichentrickfilme mit Einblendungen, dass eventuell stereotype oder herabwürdigende und rassistische Darstellungen enthalten sein können. Herabwürdigend heißt in diesem Fall aber nicht, dass Donald Duck mal wieder von seinem Onkel Dagobert in den Hintern getreten und zur Zwangsarbeit verpflichtet wird. Nein, man macht sich bei Disney+ viel mehr Sorgen darum, dass es herabwürdigend ist, wenn sich eine Katze aus dem Film *Aristocats* von 1970 mit schrägen Augen und eingesetzten Hasenzähnen der stereotypen Darstellung von Asiaten bediene. Oder dass *Peter Pan*, ein Film von 1953, sich mit aufgesetzten Federn und der Wortwahl »Rothäute« über die amerikanischen Ureinwohner lustig mache. Ich weiß nicht, wie viele Kinder vor dem Fernseher sitzen und das genauso skandalös finden, meine aber, dass die Welt sich auch drehte, bevor man auf die Idee kam, dass Kinderfilme ab sofort mit Warnhinweisen versehen werden müssten.

Zitat Disney: »Dieses Programm beinhaltet negative Darstellungen und/oder Misshandlung von Menschen oder Kulturen. Diese Stereotype waren damals falsch und sind heute falsch. Anstatt diese Inhalte zu entfernen, wollen wir ihre schädliche Wirkung anerkennen, aus ihnen lernen und Gespräche anregen, um eine stärker integrative, gemeinsame

Zukunft zu schaffen.« Immerhin hat sich der Konzern dazu entschieden, die Filme nicht ganz aus dem Programm zu streichen oder, noch schlimmer, zu kürzen. Der Konzern möchte mit dieser Maßnahme aber immerhin anregen, dass man über die Misshandlungen in lustigen Kinderfilmen diskutiert. Schön! Dann werden die fünfjährigen Torben-Hendriks und Malte-Alexanders sich also direkt nach dem Schauen dieser rassistischen Gewaltorgien zusammensetzen und erst mal eine Stunde lang über die stereotype Darstellung der Indianer durch Peter Pan diskutieren. Und Mutter hat ihre Ruhe, während Vater sich nebenan im Internet die neuesten Porno-Uploads anguckt.

Um zukünftig zu vermeiden, dass es überhaupt Filmproduktionen gibt, die auch nur den Anschein erwecken, dass sich dort eine herabwürdigende Darstellung einer Figur oder einer Handlung befindet beziehungsweise dort keine kulturelle Vielfältigkeit herrscht, hat die amerikanische Filmindustrie vor Kurzem den sogenannten *Inclusion Rider* eingeführt. Das ist eine Klausel in Filmverträgen, zu der sich immer mehr Produzenten verpflichten sollen und die die Abmachung beinhaltet, dass das ganze Filmprojekt mit größtmöglicher Vielfalt entsteht. Das heißt, dass noch vor den Dreharbeiten dafür Sorge getragen wird, dass auch möglichst viel Diversität vorkommt und Frauen sowie Minderheiten ausreichend repräsentiert werden. Das bedeutet, dass man nicht nur in jeden Film einen Homosexuellen oder Gehandicapten ins Drehbuch einbaut, sondern dass diese Rolle bestenfalls auch noch von einem tatsächlich homosexuellen oder gehandicapten Menschen gespielt werden soll. Das gilt bei einer Film- oder Fernsehproduktion im Übrigen sowohl für den Schauspiel- wie auch für den Mitarbeiterstab des Teams.

Natürlich muss auch die Frauenquote vor und hinter der Kamera entsprechend hoch sein. Wenn also ein Produzent beispielsweise auf die Idee kommt, eine Komödie über den Vietnamkrieg zu drehen, dann sollte er auch auf die Frauenquote unter den Schauspielern achten und die Soldaten entsprechend weiblich besetzen. Das spart dann immerhin die Warnhinweise vor dem Film, dass es in dem ab sechs Jahren freigegebenen Kriegsepos unter Umständen zu einer Herabsetzung der Frauenquote gekommen ist.

Auch das geschriebene Wort, etwa in Form von Kinderbuchklassikern, gerät mehr und mehr auf den Prüfstand. Elternverbände beklagen seit vielen Jahren, dass heutzutage viele altbekannte Märchen für Kinder nicht mehr zeitgemäß sind und entweder geändert oder verboten werden müssen. Kritisch gesehen wird beispielsweise, dass Hexen in Öfen verbrannt und kleine Mädchen von Tieren gefressen werden oder Stiefmütter in glühenden Schuhen laufen müssen, bis sie tot umfallen. In den Abendnachrichten wäre das nichts Besonderes mehr, bei Kindern achtet man allerdings mehr darauf, und das ist auch richtig.

Wir sollten aber nicht vergessen, dass es sich bei Märchen um ein verklausuliertes und zeitloses Abbild des Alltags und der Gesellschaft handelt. Märchen dienen dazu, anhand von Rollenbildern Situationen zu zeigen, die die Kinder dann selbst einschätzen sollen. Kinder finden in Märchen ihre eigene Wahrheit, daher sind es ja Märchen. Märchen sollen zwar keine Ängste erzeugen, aber durchaus zum Nachdenken anregen und dafür sorgen, dass das Kind zwischen gut und böse, richtig und falsch beziehungsweise Fiktion und Realität zu unterscheiden lernt. Dass es eigene Wertevorstellungen entwickelt und es auch durchaus als Genugtuung sieht, wenn am Ende des Märchens das Gute über das Böse siegt. Dazu sind unsere Kinder bei diesen Texten sicher besser in der Lage als Heranwachsende beim Ego-Shooter *Call of Duty*, wo man Punkte bekommt, wenn man möglichst viele Leute erschießt. Diese sehr realistischen Ballerspiele stehen jedoch erstaunlicherweise wesentlich weniger in der Kritik, in den Seelen der Kinder und Heranwachsenden Falsches zu bewirken als der *Struwwelpeter*, der im Märchen Finger verliert, fast verhungert und das Thema Tod nicht ausklammert. (Das Buch wird trotzdem weiterhin fleißig gelesen und kommt bisher sogar ganz ohne Warnhinweise aus.)

Auch die Werbeindustrie ist dazu übergegangen, in vielen Spots im Fernsehen Warnhinweise zu platzieren. Das bezieht sich jetzt nicht auf den Klassiker, dass man zu Risiken und Nebenwirkungen doch mal seinen Arzt oder seine Omma befragen soll. Nein. Audi, die mit den Audianerinnen, geht da noch einen Schritt weiter. In einem Fernsehspot, in dem ein anscheinend Irrer mit einem schicken Audi wie wild durch eine Schneelandschaft brettert, um so das Auto zu bewerben, las ich ganz klein am unteren Bildrand: »Nicht nachmachen. Gesperrte Strecke, professioneller Fahrer.« Aha, das ist natürlich ein wichtiger Warnhinweis, den jeder Interessent, der sich ein neues Auto kaufen will, kennen muss.

Und ich kleines Dummerchen wollte mir nur aufgrund der Werbung morgen mal einen Zwölfzylinder leihen und nach Lappland kacheln, um da mal so richtig den Elch rauszulassen. Ich wollte auf einer nicht abgesperrten Strecke als absoluter Amateurdüser das Auto so lange sliden, bis die arktische Tundra nur noch aus Donuts auf dem Waldboden besteht. Gut also, dass der Autobauer mir vorher diesen Warnhinweis offeriert hat. So kann ich mich also doch wieder oppahaft durch den Feierabendverkehr von Castrop-Rauxel quälen. Als professioneller Stausteher, auf einer nicht abgesperrten Strecke. Ich werde mir demnächst noch mal den Werbespot von Audi aus den achtziger Jahren ansehen, in dem ein Audi 80 fast senkrecht eine Skisprungschanze hochfuhr. Vielleicht erinnern sich die über Hundertjährigen noch daran. Da damals noch jegliche Warnhinweise fehlten, scheint diese Strecke nicht abgesperrt gewesen zu sein und somit unbedenklich. »Schatz, wir lassen morgen den Quatro fliegen.«

Man kann es also drehen und wenden, wie man will. In allen Lebenslagen herrschen inzwischen eine gewisse Normung und teilweise ungewollte Bevormundung, wie man sich richtig zu verhalten hat und was einen Schlimmes erwarten könnte. Oft hat das simple juristische Gründe, damit Firmen diesbezüglich Ruhe haben, aber häufig ist es auch überflüssiges oberlehrerhaftes Gebrumme, um politisch korrekt aufzutreten.

Gleichzeitig wird man quasi wie von Helikoptereltern permanent in Watte gepackt und wie ein kleines Kind behandelt, das weder Verstand noch Fürsorge oder Eigenverantwortung in sich trägt, auf diese Tugenden also von Fremden von außen hingewiesen werden muss. Nicht vergessen sollte man, dass jede Neuerung im Alltag auch immer ein Stück weit zu einer Untersagung des Altbewährten führt. Und ob man sich unter dem Deckmantel der vermeintlichen Political Correctness alles madig machen lassen sollte, egal ob als Filmproduzent, Kinderfilmgucker oder Fußballliebhaber, das sei dahingestellt. Wie sang schon Roger Cicero in einem seiner Songs: »Schöner war's ohne!«

Kapitel 9

Vom Streit mit Wasserwerfern und Frieden mit Waffelbuden

In sieben Tagen stand der Besuch des Ministerpräsidenten an. Auf dem Schützenplatz wurde dafür heute bereits ausgiebig geprobt. Ich erinnere mich noch sehr gut an diesen schönen, sonnigen und dabei extrem denkwürdigen Tag in Borsen. Ein Tag, der sicher einmal in die Geschichtsbücher des Ortes eingehen wird, es aber bis dato zumindest schon mal bis auf die Titelseite unseres von allen Einwohnern geliebten Anzeigenblättchens *Der Rundwurf* geschafft hatte. Die Auseinandersetzung, die die deutschen Schützen bisher gegen die niederländische Polizei geführt hatten, drohte nämlich außer Kontrolle zu geraten. Es lag eine Atmosphäre der Eskalation in der Luft, und ich war mir nicht sicher, ob es der doch recht spärlich ausgestattete Schützenverein Ekal-Brüder 1904 schaffen würde, sich der gut gerüsteten holländischen Polizeitruppe, ausgestattet mit Klarinetten, Tuben und sinnlichen Stimmen, entgegenzustellen. Auch der örtliche Fuhrpark, bestehend aus drei alten Fendt-Traktoren, würde sicher nicht ausreichen, wenn es zum Showdown mit dem niederländischen Polizeichor »De Zauberflötjes« kommen würde.

Ich wartete also gespannt, wie sich die Situation an besagtem Tag entwickeln würde, als die Generalprobe für den Besuch des Ministerpräsidenten auf dem Programm stand und man in Borsen eigentlich ein friedliches Fest testen wollte, bei dem alles der typisch deutschen Ordnung folgen und das familiengerecht auf dem heiligen Schützenfestplatz von Borsen vonstattengehen sollte. Mit meinem Neffen Grotti als brandneuem Cheforganisator machte ich mir in Bezug auf einen reibungslosen bürokratischen und streng durchreglementierten

Ablauf zwar keine Sorgen, problematischer könnte aber neben dem eigentlichen Disput zwischen den Schützen und dem Damenchor die zusätzliche Teilnahme von Franz Sparbier und seinem Bautrupp sein, die sich natürlich ebenfalls für die Durchlaufprobe angekündigt hatten.

Auch ich befand mich, ausgestattet mit einem Notizblock und Tessa im Schlepptau, auf dem Weg zu den Schützenbrüdern. Die Experten vom *Ekal* hatten es geschafft, dass nur noch ein einziger Container der ursprünglich fünfzehn Metallkästen, nämlich das Lager für die Blasinstrumente, auf der inzwischen total umgepflügten Wiese stand. Wenn man nur die Bodenverhältnisse als Maßstab nahm, so war Woodstock gegen diese einst so schöne Wiesenfläche ein Witz. Die anderen vierzehn Container waren inzwischen unauffindbar von Tillmann Dorp wahrscheinlich europaweit verteilt worden.

Meine Nichte Tamara begleitete uns ebenfalls.

Grotti war bereits seit sechs Uhr morgens auf den Beinen und vor Ort fleißig in seinem Element, wie wir schon aus der Entfernung hörten.

»Hallo, hallo! Hier herrscht temporäres Tempolimit! Das ist eine Event Area, da dürfen Sie nicht einfach so durch. Nein, wenn der Mannschaftswagen von einer menstruierenden Person geführt wird, dann muss er nach Paragraf 16 der Gemeindeparkverordnung auch auf einem Frauenstellplatz abgestellt werden.«

Ich klopfte meinem Neffen von hinten schmackhaft auf den Rücken.

»Grotti, Frauenparkplatz! Das heißt Frauenparkplatz. Du, das sieht hier ja schon recht nett aus. Warum ist dein Anzug denn heute wieder braun, warum bist du nicht im dunkelblauen Polizei-Look?«

Tamara amüsierte sich ebenfalls darüber, dass ihr Bruder mal wieder total overdressed in der Matsche stand. Na ja, immerhin ohne Kamelhaarmantel, dachte ich mir. Und Tamara ergänzte: »Kai, auf Braun sieht man die Matsche nicht so doll …«

Wir hatten uns noch nicht zu Ende amüsiert, als wir das Gewusel auf dem Platz wahrnahmen: Von städtischen Mitarbeitern, die fleißig Girlanden aufhängten, über zahlreiche Polizistinnen und bis hin zu unserem ja inzwischen bekannten örtlichen Metzger, der zur Feier des Tages und zur Stärkung der Anwesenden Stamppot aus einer Art Gulaschkanone servierte, waren alle dabei. Hier ein Wasserwerfer der holländischen Polizei, daneben die deutsche Gulaschkanone. Genau mein Ding. Veganes Wasser neben fleischigem Eintopf. Stamppot ist übrigens ein niederländischer Eintopfklassiker, den meine Omma wohl unter dem Ruhrpottbegriff »Möhrendurcheinander« kannte. Im Vergleich zum Mettbrötchen aus Reiswaffel hatte unser Rathaus also zumindest ein Stück weit dazugelernt. Selbstverständlich mussten auch wir uns erst mal nach der langen achtminütigen Anreise stärken, sodass wir das Geschehen mit einem warmen Teller in der Hand weiter beobachten konnten.

Annike van Veeman, die Polizeiinspektorin aus der Pressekonferenz, kam derweil zu Grotti.

»Sage Sie einmal, wo solle sich meine Cops denn nun umziehe? Wo sin denn die ganze Containers gebliebe? Außerdem müsse die Bläserinnen noch übe.«

Grotti wirkte leicht überfordert, sich nun vom Eintopf über die Parkplätze für die Wasserwerfer bis hin zum Umkleiden der Bläserinnen um alles kümmern zu müssen. Tja, dachte ich mir. Wer in Deutschland politisch Karriere machen will, der muss sich eben neben dem Politalltag auch mit Damenunterwäsche auskennen.

Grotti ließ sich diesen Stress natürlich nicht anmerken und überlegte sich sofort eine Lösung, während er sich zum x-ten Mal den Matsch von den ebenfalls braunen Wildlederschuhen abwischte.

»Äh, Sie können den Damen sagen, dass sie sich heute im Vereinsheim der Schützen umziehen können. Dort gibt es allerdings keine explizit ausgewiesenen Damentoiletten. Wissen Sie, die Frauenquote in unserem Schützenverein, äh, wird gerade noch überarbeitet. Eventuell können die Damen ja an der Tür einen Aufdruck mit einem großen D anbringen …«

Tamara konnte das Elend nicht mehr mitanhören und fiel ihrem Bruder ins Wort: »Mein Bruder will sagen, Ihr Chor kann sich da drüben im Clubheim umziehen. Der Alterspräsident hat da sicher nichts gegen.«

Annike van Veeman schritt in ihren robusten Polizeistiefeln wie John Wayne nach der Wurmkur breitbeinig von dannen, und ich ahnte, dass das Probleme geben würde. Die Inspektorin wusste anscheinend gar nicht, dass zwischen den Schützen und ihrem Chor von Anfang an eine Stimmung herrschte wie beim WM-Spiel der Deutschen gegen Holland 1990.

Wir gingen ebenfalls zur Mitte des Schützenfestplatzes, und ich bewunderte diese optisch sehr ansprechende Mischung aus einer Polizeiparade in Nordkorea und spießiger Schützenfestatmosphäre à la Borsen. Wo bei Schützenfesten sonst immer die Popcornmaschine für die Kinder stand, parkten nun drei Räumfahrzeuge, die sicher nicht für Schnee gebaut worden waren, akkurat auf Frauenparkplätzen. Grotti hatte diese mühevoll mit weißem Sprühlack auf dem ehemaligen Wiesenstück eingezeichnet. Es war eine wirklich sehr familiäre Atmosphäre. Eine kindlich geschmückte holländische Waffelbude war direkt neben einem Polizeihubschrauber aufgebaut worden, den man für Rundflüge über meinen Heimatort mühevoll aus den Niederlanden herbeigeordert hatte. *Top Gun* in Borsen. Darauf hatten wir alle seit 1986 gewartet. Wenn der Traum von einem Disneyland in Borsen nun auch geplatzt war, so waren Polizeihubschrauberrundflüge für Kinder über Dillfelder ein guter Ersatz.

Und kaum hatte ich den holländischen Eintopf ausgelöffelt und das Wort Polizei zu Ende gedacht, da bog auch schon die nächste Truppe Gesetzestreuer um die Ecke, um dem ganzen Tag die besondere Würze zu verleihen. Franz Sparbier fuhr mit seinem AMG-SUV mitten auf den Festplatz und parkte seitlich neben dem Vereinsheim der Schützen. An seiner Anhängerkupplung hing ein nostalgischer Bauwagen aus den siebziger Jahren, den er zu Werbezwecken gern mal in allen möglichen Halteverbotszonen des Ortes abstellte. Auf dem Bauwagen die Abbildung eines Kettenbaggers und die Aufschrift: »Wir legen alles flach!« Im Schlepptau folgte ohrenbetäubend laut besagter Kettenbagger, und auch eine große Planierraupe wie aus einem Endzeitfilm fuhr auf den Schützenplatz. Schließlich wollte auch Sparbier allen sein großes Gerät zeigen, sodass nun die dritte Mannschaft das Spielfeld betreten hatte und der Wettkampf um die Vorherrschaft in Borsen starten konnte.

Grotti geriet direkt in Panik. »Herr Sparbier, Herr Sparbier! Das Kraftfahrzeug müsste aber aufgrund des Gewichtes auf dem befestigten Schotterweg platziert werden. Zudem sind wir hier im Wasserschutzgebiet. Und außerdem herrscht in diesem Show Areal heute Rauchverbot. Wenn Sie also bitte Ihren Zigarillo ...«

Sparbier marschierte schnurstracks auf das Vereinsheim und Grotti zu.

»Wo ist deine Schwester, Cowboy?« Noch bevor Grotti antworten konnte, stand Tamara neben ihm. Sparbier schnippte den Zigarillo weg.

»Hallo, Tamara, meine Beste. Sag mal, ist Rosario schon in den Startlöchern? Im Bauwagen ist das ganze Zeug drin. Wir ziehen den dann hinter das Clubheim. Rosario muss dann nur die Schlüssel besorgen, und dann hat das ganze Tamtam hier mit den Schützen bald mal ein Ende.«

Tessa 8 und ich schauten uns irritiert an. Bauwagen? Zeug? Schlüssel? Wir konnten nicht ganz folgen, wurden aber aus journalistischer Sicht durchaus neugierig.

Nun kam die große Stunde von Bürgermeister Gustav Bartolomeo, der wie ein Gottgesandter aus dem Vereinsheim herbeischwebte und einen auf Hollywoodstar vor der Verleihung der Oscars machte. Er hatte noch Taschentücher auf seinen Schultern liegen, damit das Make-up, das ihm eine Visagistin unmittelbar zuvor ins Gesicht gespachtelt hatte, den Maßanzug und die Eigelbkrawatte nicht versaute.

»Herr Sparbier, welche Freude! Der Bauunternehmer Nummer eins bei uns im Ort. Zuständig für Hochbau und Abbau. Der größte Abreißer und Aufreißer bei uns im schönen Borsen, haha. Ich wusste gar nicht, dass Sie auch bei der Generalprobe heute mit dabei sind.«

Sparbier konnte Bartolomeo genauso gut leiden wie Pinocchio seinen Gesichtschirurgen. Erst recht, nachdem er nur über Umwege den Bauauftrag für die Kaserne endgültig an Land gezogen hatte. Eine typische und alltägliche Selbstverständlichkeit in der Tagespolitik in Deutschland: Man kann sich auf den Tod nicht ausstehen, aber wenn es um die eigenen Interessen geht, dann reißt man sich zusammen und arbeitet widerwillig zusammen. So was nennt sich Koalition der Unwilligen.

Im Hintergrund hörten wir, wie sich der Chor einsang. »Hoooch auf dem orangenen Waaagen, sitz ich beim Slager vooorn.«

Heißt es nicht Schwager, dachte ich mir, während Miss Slager, die Polizeiinspektorin, mit einem sechzehn Meter langen Pferdetransporter der niederländischen Polizei vorfuhr und den ausladenden Lkw unmittelbar vor dem Vereinsheim parkte, sodass der geschmückte Bau nun verdeckt war und kleiner wirkte als irgendein Wohncontainer. Sie stieg aus, griff sich an ihre Pistole im Halfter und ging mit dem Kommentar: »Wenn die Presse unsere Arsenal fotografiert, wolle wir nich, dass die Baracke mit auf die Fotos ist. Das is in de Nederlande peinlich. Vor allen wegen die Deutschland-Fahnen an die Hütte.«

Ich schaute zum Vereinsheim und sah, dass die Bretterbude tatsächlich ein bisschen so aussah, als sei wieder Fanmeile angesagt. Tessa zögerte nicht lange und begann zu fotografieren.

Gullip, der Alterspräsident der Schützen, stand nun ebenfalls vor dem Vereinsheim und legte sich mit der Polizeichefin an. »Fahren Sie sofort den Lkw hier weg. Der Eingangsbereich ist Agrarfläche. Hallo, Herr Olm! Könnten Sie da mal für Ordnung sorgen?«

Grotti verschwand, mit der Inspektorin diskutierend, und auch Bartolomeo verabschiedete sich von uns, um nun die Maniküre über sich ergehen zu lassen. »So, ich muss wieder in die Maske. Außerdem teile ich mir die Umkleide heute mit den zauberhaften Damen vom Chor, wie man mir sagte.«

Ich schmiss die durchgeweichte umweltbewusste Papierschale in einen Plastikmüllsack, während Grotti den Bürgermeister unterwürfig, aber rhetorisch ungelenk verabschiedete. »Gleich kommen auch noch die Bläserinnen, Herr Bartolomeo, um Sie willkommen zu heißen.«

Ach, Grotti, dachte ich mir. Und du warst mal Unterstützer der MeToo-Bewegung. Bartolomeo nickte selig und verschwand, während Sparbier nun einen Disput mit dem Alterspräsidenten vom Zaun brach.

»Sagen Sie mal Gullip, ganz Borsen pfeift es ja von den Dächern, dass Sie mit dem Kasernenbau nicht so ganz einverstanden sind. Ihr Rumgejammer in allen Ehren, aber finden Sie es nicht auch kindisch, hier seit Wochen meine Wohncontainer lustig durch die Gegend zu fahren? Im Staubecken sind neulich vier Paletten Heineken angeschwemmt worden, nur weil Ihr Gabelstapler-Nazi, dieser Ego-Shooter, den Vorratscontainer in die Borse gekippt hat. Da kann Ihnen das Umweltamt aber ziemlich auf die Füße treten, wenn das im Ort viral geht. Das wurde nur noch nicht an die große Glocke gehängt, weil die Dosen noch verschlossen und trinkbar waren. Sie versorgen also die minderjährige Dorfjugend mit Alkohol!«

Gullip blieb gelassen. Er wusste ganz genau, dass seine Abneigung gegen die holländischen Polizistinnen ein wenig ausgeufert und die eine oder andere Maßnahme mit der Umsiedlung der Wohncontainer in übertriebener Weise vonstattengegangen war. Den Container zum Beispiel, in dem politisch korrekt ein kleiner Gebetsraum für die Polizeischülerinnen eingerichtet worden war, hätte man vielleicht nicht als Autobahnkirche markiert direkt auf die Beschleunigungsspur der A3-Auffahrt stellen sollen. Dass das nicht ganz ungefährlich war, dessen war sich Alterspräsidenten Gullip nachträglich bewusst geworden. Dennoch hatte auch er ein gutes Argument für eine Umsiedlung der weiblichen Cops in der Tasche.

»Sparbier, aber wenn hier demnächst nicht das Schützenfest stattfindet, ist das Gejammer auch wieder groß. Du bist doch immer der Erste, der hier die große Show abzieht.«

Die beiden drehten sich nun um und wollten unter vier Augen reden. Ich bekam aber immer noch mit, worum es eigentlich ging. Sparbier hatte nämlich ganz andere Pläne, die er nun ungeniert ausplauderte.

»Du, ich mach dir mal einen Vorschlag, wie du die ganze Pest hier von heute auf morgen loswerden kannst. Wenn du willst, noch heute Abend. Ich zieh doch derzeit neben dem Zementwerk diese neue Kleingartenanlage hoch. Du weißt schon, dieses neue Veganer-Ding, wo die ganzen Hipster-Öko-Familien ihr eigenes Unkraut ernten sollen. Dieses Förderprogramm von der Gemeinde, das ich mir an Land gezogen habe. Die Hütten sind alle noch leer, aber schon im Innenausbau. Wenn ich das gleich mal mit dem Bartolomeo bespreche, dann bist du die Weiber heute noch los. Direkt nach der Probe, inklusive dieser Obermatrone van Veen. Und wir können schön Schützenfest feiern, wenn nicht noch was dazwischenkommt.« Sparbier grinste siegessicher.

Der Alterspräsident ging in sich, was bei uns im Ort auch gern mal ein paar Sekunden mehr in Anspruch nehmen kann, da die Uhren auf dem Land ja bekanntermaßen langsamer ticken. Er zupfte sich verstohlen seine Schützenuniform zurecht, dachte immer noch nach und strich sich die Feder an seinem Hut glatt.

»Okay, Sparbier. Du sorgst dafür, dass der ganze Humbug hier von unserem komplett zerstörten Schützenplatz abgezogen wird, und dafür kriegste beim Fest die Loge im Zelt plus hundert Euro Verzehrgutscheine. Aber die Baumaßnahme im Ort findet nicht statt und wird von uns garantiert weiterhin boykottiert. Das muss dir klar sein. Ihr zerstört mit dem Kasernenbau unseren Hundeübungsplatz und die ganze Natur drum herum. Und die Natur in Borsen ist mir heilig. Die wird geschützt. Das Ding wird nicht gebaut. Basta!«

Ich kam mir immer noch vor wie Luft und war überrascht, dass die beiden so offen plauderten, obwohl ich in Hörweite stand. Als wenn Sparbier wollte, dass ich alles mitbekomme. Aber warum nur?

Sparbier ging nun nicht gerade gut gelaunt, aber siegessicher zurück zu meiner Nichte Tamara, die sich gegen Sparbiers SUV-Kutsche lehnte und sich um einen abgebrochenen Fingernagel kümmerte.

Er rief in Richtung Vereinsheim: »Gullip! Weißt du, was du hier mit deinen spießigen Brüdern in Sachen Freiwild nie gelernt hast? Man muss auch ein Fuchs sein! Nur ’nen buschigen Schwanz zu haben, reicht nicht. Die Kaserne wird gebaut, so wie man es mir ganz offiziell anvertraut hat. Basta plus.«

Sparbier zog sich demonstrativ seine Hose hoch und fragte erneut bei Tamara nach: »So! Wo ist Rosario? Wir brauchen jetzt den Schlüssel für das Heim. Die Schützen wollen nicht den sanften Weg.«

Ich traute meinen Augen nicht. Kaum hatte Sparbier seinen treuen, aber arglosen italienischen Baggerfahrer Rosario erwähnt, da stand der lockige Italiener in komplettem Schützen-Outfit vor uns. Eine mintgrüne Trachtenjacke mit goldenen Knöpfen und ein Fantasieorden an der Brust, auf dem »Hausfeldwebel« stand, sowie eine schwarze, zwei Nummern zu große Stoffhose. Passend zur Jacke der ebenfalls mintgrüne Hut mit buschiger weißer Feder, wie ich sie bisher nur an den

Hüften von Tänzerinnen aus dem Moulin Rouge gesehen hatte.

Auch Goiko, der Kranführer, stieg nun aus dem Bauwagen aus. Ich konnte mir ein Lächeln nicht verkneifen. Rosario, der tapfere Scherge aus den Reihen von Sparbiers Baufirma, war tatsächlich dem Schützenverein Ekal-Brüder 1904 beigetreten worden, um dafür zu sorgen, dass die Schützen den Kasernenbau befürworten. Was ja nicht passiert war, wie ich aus dem Gespräch Sparbiers mit dem Alterspräsidenten Gullip herausgehört hatte.

Rosario war als Vollblutitaliener und leidenschaftlicher Handwerker der Baufirma in diesem Milieu an seine Grenzen gestoßen. Sein charmanter abruzzischer Charme hatte wohl nicht ausgereicht, um die Schützenfestzunft davon zu überzeugen, dass Borsen unbedingt eine Polizeikaserne bräuchte. Das soll aber nicht heißen, dass Rosario in seiner Zeit als Geheimagent dort untätig gewesen wäre. Immerhin hatte er als Hausfeldwebel, sprich Hausmeister des Geländes, die Schlüsselgewalt innegehabt und freien Zugang zu allen Räumen und Fahrzeugen des Vereins bekommen. Nur gut, dass die Schützen nicht herausgefunden hatten, dass Rosario eigentlich auf Sparbiers Gehaltsliste stand.

»So, Rosario, wir machen es wie besprochen …«

Sparbier erklärte seinem Mitarbeiter das weitere Vorgehen. »Wenn ich oben die Rede halte, dann siehst du zu, dass alles so passiert, wie …«

Ich bekam nun leider nicht mehr alles mit, war mir aber sicher, dass Sparbier sicher nicht meinte, dass Rosario an diesem familiären Tag mit den Kindern Ballonfiguren kneten sollte. Der Abruzze wirkte zwar verkleidet wie ein Clown, aber hier ging es um ganze andere Dinge.

Ich war zwar sehr neugierig, ließ mein journalistisches Interesse aber ruhen und fing nun erst mal wieder meinen Neffen Grotti ein. Der hatte soeben dem holländischen Robocop van Veeman zugesichert, dass die niederländische Polizei auf jeden Fall in einem positiven Licht dastehen würde. Dennoch war er immer noch sehr »in Action«, was Organisation, aber vor allem den politisch korrekten Ablauf anging. »Grotti, wie geht's denn jetzt weiter?«

Mein Neffe stand schweißgebadet vor mir. Unter seinen Jackettärmeln bildeten sich feuchte Flecken. Und das, obwohl er einen dicken beigefarbenen Rollkragenpullover darunter trug. Im Mai!

»Kai, geh zur Bühne! Da geht's gleich los. Sparbier wird als Erster reden, dann der Barto, und zum Schluss singen die vom Chor noch die deutsche Nationalhymne, so als Völkerverständigung. Du weißt schon ... Brüh im Glanze dieses Glückes.«

Tessa hatte inzwischen den kompletten holländischen Polizeifuhrpark inklusive deutscher Gulaschkanone abgelichtet, sodass wir uns nun vor die Bühne stellen konnten, um zu lauschen, was Sparbier zu verkünden hatte. Der nicht vorhandene Ministerpräsident wurde bei dieser Generalprobe übrigens durch ein sogenanntes Lichtdouble ersetzt, also einen Statisten, der während des ganzen Durchlaufs nur dastand, aber nichts zu tun hatte.

Hierfür hatte man Eckhard Hebemann auserwählt, Grottis Vorgesetzten beim hiesigen Kommunalamt für neue deutsche Korrektheit. Hebemann war für die Gemeinde die günstigste Alternative gewesen, da der Stadtangestellte solchen Aufgaben auch gern mal für ein warmes Mittagessen zustimmte und es aus dem Amt bereits gewohnt war, sich nicht großartig bewegen zu müssen. Und so stand Hebemann nun also wie eine tiefgefrorene Schaufensterpuppe als Statist neben Sparbier auf der Bühne, während dieser die Vorzüge des Kasernenbaus anpries.

»... und so schlagen wir hier in Borsen mit dem Bau der Kaserne gleich mehrere Fliegen mit einer Klappe. Zum einen muss uns allen bewusst sein, dass durch die Ansiedlung von über 120 Frauen hier im Ort der Anteil an Mädels abends in den Kneipen wieder deutlich steigen wird. Das ist ja in letzter Zeit etwas wenig geworden. Wir wollen ja untenrum auch mal wieder Leben verspüren ...«

Eckhard Hebemann, das eigentlich zum Schweigen verdonnerte Lichtdouble neben Sparbier, drehte mit geöffneten Augen und entsetztem Gesichtsausdruck den Kopf zum Fachmann fürs Anbaggern hin, stand aber immer noch gelassen da, wie ein stummer Diener des Macho Man.

»Die zweite Fliege, die wir dann hier im schönen Borsen kaputtgeschlagen haben, ist die erhöhte Sicherheit in den Abendstunden. Stellen Sie sich doch mal vor, wenn wir abends in jeder Straße eine kleine bewaffnete Polizeieinheit sehen würden, die für Recht und Ordnung sorgt. Eine Bürgerwehr aus Dorfschönheiten quasi!«

Tillmann Dorp, der braune Bär des Ortes, applaudierte mit Flinte quer über dem Rücken aus den hinteren Reihen, obwohl er ja auch eher ein Gegner von Sparbier und seinen Bauplänen war. Beim Thema Bürgerwehr konnte er aber nicht anders.

Der zur Güllegrube umgepflügte Schützenfestplatz mit seinen Akteuren war hingegen totenstill. Jetzt platzte allerdings Eckhard Hebemann, dem Chef des immerhin wichtigsten Ordnungsorgans in Borsen, der Kragen.

»Herr Sparbier, hier sind auch Kinder anwesend. Wie können Sie denn so über die Damen reden?«

Einige Polizeischülerinnen pfiffen.

Sparbier zog sich seine viel zu große Hose wieder bis unter die Achseln.

»Hebemann, Sie sind heute nur Lichtdouble. Halten Sie doch einfach mal den Rand. Ihre ganzen Bestimmungen schaffen in meinem Betrieb ohnehin nur Unruhe und Arbeit. Wenn Sie mich mit Ihren Verboten und der ganzen Bürokratie weiter so nerven, dann wird hier in Borsen nicht mal mehr ein Vogelhaus gebaut.«

Hebemann konterte: »Ich bin heute der Ministerpräsident! Ich bin der Ministerpräsident! Wenn auch nur fürs Licht.«

Ich lauschte den Alphatierchen andächtig und überlegte, ob ich mir dazu noch einen Stamppot aus der Gulaschhaubitze besorgen sollte. Tamara kam mir aber zuvor und zog mich ein Stück von den umstehenden Personen weg, um mir ins Ohr zu flüstern.

»Kai, wir brauchen mal deine Hilfe. Ich wollte dich da ja raushalten, aber Rosario, Goiko und die anderen Jungs vom Sparbier kriegen die Teerpappe nicht allein aus dem Bauwagen gehoben.« Ich traute meinen Ohren nicht, während Tamara mich am Arm griff und in Richtung Vereinsheim zog. Ich war total verdutzt.

»Was denn für Teerpappe? Tamara, ich hab den Eindruck, da läuft gerade eine riesengroße Scheiße ab, und du hängst da mittendrin. Was ist denn hier los?« Ich war nicht davon begeistert, dass sich meine leicht zu überzeugende Nichte erneut vor den Karren Sparbiers hatte spannen lassen.

Tamara gab sich mit ihren Stöckelschuhen alle Mühe, den aufgeweichten Boden im Sprinttempo zu bewältigen, und schaute mich dabei nicht einmal an. Die Verlegenheit war ihr dennoch anzumerken.

»Was soll ich denn machen, Kai? Wenn ich dem Sparbier nicht helfe, kann ich bei dem ab Morgen Hydrauliköl wechseln und seinen blöden Köter füttern. Ich muss den Job da im Büro doch behalten.«

Tamara führte mich ins menschenleere Vereinsheim. Zumindest galt das für die Vor- und Haupträume. Im hinteren Bereich aber sah ich eine Eisentür, die mit einem steckenden Schlüssel leicht geöffnet worden war.

»Tamara, was in aller Herrgottsnamen macht ihr hier denn?«

Rosario kam mir in einer total zugestaubten Trachtenuniform mit umgeknickter Feder auf dem Hut panisch entgegen.

»Tamara, Tamara! Wir kriegen das Loch nicht groß genug. Da isse Stahlbeton und alte Kiesel mit drinne.«

Ich betrat den Raum und geriet ins Staunen. Rosario hatte doch tatsächlich zusammen mit Goiko und zwei weiteren Bauarbeitern aus Sparbiers Firma ein riesiges Loch in den Partyraum des Schützenfest-Vereinsheimes gegraben. Überall lagen zertrümmerter Estrich und jede Menge guter deutscher Borsener Mutterboden herum. Auf dem dafür zur Seite geschobenen Billardtisch der Schützenbrüder fanden sich Spitzhacken und eine lehmverschmierte Schaufel. Tamara, meine Queen of Communication, schaltete auf Angriff.

»Kai, die Jungs brauchen deine Hilfe. Du musst bei den Asbestplatten und der Teerpappe mithelfen. Die müssen jetzt den neuen Estrich anrühren. Das muss hier in fünfzehn Minuten wieder aussehen wie neu.«

Ich schaute mir den Schankbereich im Partyraum an und hatte so meine Bedenken, ob man das Altöl von der Naturholzplatte der Theke in nur fünfzehn Minuten wieder abbekommt.

Der Fuchs mit dem buschigen Schwanz hatte also tatsächlich zugebissen. Sparbiers Ziel, wie mir Tamara erklärte, war es, den Ekal-Brüdern im Wasserschutzgebiet alten Sondermüll unterzujubeln, damit man im politischen und gesellschaftlichen Umfeld im Ort eine, sagen wir mal, etwas entspanntere Atmosphäre zum Kasernenbau entwickeln würde. Die großen Naturschützer des Schützenclubs würden als Umweltsünder dastehen und hätten nicht mehr viele Argumente für die Sabotage des Kasernenbaus in der Hand.

Was meine Nichte Tamara dazu bewog, bei so einer Sauerei mitzumachen, erschloss sich mir nicht direkt, aber im Hinblick auf den Erhalt ihres Ausbildungsplatzes und aus tiefstem Mitleid für den wie ein dreckiger Clown dastehehenden Rosario half ich schnell mit, die Teerpappe und die uralten Asbestschindeln in das riesige Loch zu hieven.

Zwischenzeitlich war mir auch klar geworden, warum Sparbier, unser ehrwürdiger Baumogul im Ort, die ganze Zeit so entspannt war, seinen Disput mit dem Alterspräsidenten öffentlich vor meiner Nase und vor allem meinen Ohren auszutragen. Er wollte, dass die Presse mitbekommt, wie sehr die Schützen gegen den Kasernenbau waren und dies im Hinblick auf den Hundeübungsplatz immer mit Umweltaspekten begründet hatten. Ich war hin- und hergerissen. Zum einen war ich natürlich kein Freund davon, dem Problemkind Sparbier unter die Arme zu greifen, damit die Kaserne planmäßig gebaut werden kann, andererseits waren mir aber auch die Schützenbrüder mit ihren Ansichten und Umsiedlungsmaßnahmen der holländischen Polizistinnen ein Dorn im Auge. Ich entschied mich also mitzuhelfen, solange die Sache nur zügig beendet würde.

Abgelenkt durch das wilde Treiben bemerkten wir hingegen alle nicht, wie sich plötzlich die Eisentür weiter öffnete und eine sehr finster dreinschauende Person unser illegales Treiben beobachtete. Die Jungs waren bereits damit beschäftigt, das Loch wieder zu verfüllen. Mir war klar, dass der Müll gefunden werden sollte, sodass der Naturschutz sicher nicht allzu lange mit Füßen getreten und auch alles wieder aus dem Erdreich entfernt würde.

Die Eisentür ging derweil weiter auf. Man hatte uns erwischt. Wir erschraken total, erkannten dann aber im Licht der schwarz-rot-golden flackernden Partybeleuchtung Annike van Veen breitbeinig vor uns stehen.

»Habe die Bauarbeiters hier vielleicht de Bürgemeister gesehen? Außerdem suche ich eine Dameklo? Hier is nix richtig beschildert.«

Wir atmeten tief durch, dass niemand anderes uns gestört hatte, und Tamara erläuterte der Polizeipatriarchin schnell, wo sie den Sitz- und Stehort finden könne.

Mit Ölflecken auf meinem *Knight-Rider*-T-Shirt kehrte ich schnurstracks zur Festansprache zurück, die inzwischen eskaliert war. Tessa kam mit einer Flasche Grolsch in der Hand auf mich zu.

»Kai, da haste aber was verpasst. Der Ministerpräsident für Lichtangelegenheiten hat dem Sparbier eben ein Notenpult in die Kniekehle geschlagen, nachdem Sparbier das Kommunalamt zum Stasiverein erklärt und Hebemann als Gauleiter beschimpft hatte. Dann ist Tillmann Dorp auf die Bühne, um Sparbier doch tatsächlich zu verteidigen. Dorp hat dann den Hebemann mit einer Kaffeemaschine vom Roten Kreuz beworfen. Mit voller Kaffeekanne. Und als Bartolomeo, der Feigling, sich mit seinem sauberen Eigelb-Anzug in Sicherheit bringen wollte, da hat er Grotti umgerannt, der wiederum von der Bühne gefallen ist, direkt in die Arme einer hübschen Polizistin. Da hat diesmal aber keiner im Hintergrund gelacht. Nur Grotti, auf der hübschen Frau liegend. Na ja, und dann ist der niederländische Chor eingeschritten und hat mit ein paar gekonnten Handgriffen alle Beteiligten zu Boden und zur Ruhe gebracht. Nur der in Kaffee gebadete Hebemann schrie noch weiter die holländischen Mädels an: »Lasst mich los, ich bin der Ministerpräsident!«

Ich fragte mich zwar, wie nach diesem erfolgreichen Testlauf der richtige Empfang des Ministerpräsidenten in einer Woche vonstattengehen sollte, war aber mit den Gedanken immer noch bei dem Sabotageakt der Müllmänner im Partyraum der Schützenbrüder. Was hätte Tessa sich über diese Fotomotive gefreut. Dennoch schwieg ich, auch um Tamara zu schützen. Zudem war ich mir sicher, dass Tillmann Dorp dem Baumogul bald nicht mehr zu Hilfe eilen würde, wenn er erfuhr, was da für eine Sauerei abgelaufen war.

Als wir schon an Tessas Auto standen und die Türen zum Querlüften öffneten, kam uns Grotti mit der holländischen Polizeianwärterin an seiner Seite entgegen.

»Guckt mal, das ist Swantje. Die habe ich vorhin fahrlässig gestaucht. Also, ich meine, die bin ich vorhin unplanmäßig und fahrlässig körperlich angegangen.«

Tessa half Grotti, der es in der Öffentlichkeit vor Fremden einfach nicht zustande brachte, mal einen Satz gerade auszusprechen, ohne sein Beamtendeutsch ins Spiel zu bringen: »Grotti meint, dass er Swantje vorhin eventuell verletzt hat, als er auf sie gefallen ist.«

Ich musste meinen Senf in Bezug auf das Tanzdesaster vor wenigen Tagen dazutun. »Ja, unser Grotti ist ganz groß darin, Frauen nicht im Griff zu haben.«

Grotti war entsetzt. »Kai, das ist nun aber auch sehr sexistisch ...«

Ich gab Swantje die Hand. »Haste denn was gebrochen, Swantje?«

Die zierliche Polizeischülerin vom Musikkorps, bewaffnet mit butterblumenverzierter blauer Polizeimütze und Klarinette, schaute mich etwas verlegen an und hatte wohl nicht richtig verstanden.

»Ja! Richtig! Gebroche. Aber nur ein bisken Stamppot, wegen die Schreck.«

Wir entschieden, dass es vielleicht doch besser ist, Swantje mal kurz zur Begutachtung in das Krankenhaus bei uns im Nachbarort zu fahren. Und so quetschten wir uns alle zusammen in Tessas Kleinwagen, um möglichst schnell von diesem Ort des Grauens wegzukommen. An Grottis Gesichtsausdruck erkannte ich, wie froh er war, im etwas kleineren Kreis nun wieder seine politisch korrekte Verboteritis ausleben zu können. Er saß in der Mitte der Rückbank, neben ihm Swantje und seine Schwester Tamara, die sich auch aus dem Staub der Sondermüllkippe von Borsen gemacht hatte.

Grotti hob den Finger: »Wenn ich dann alle Fahrzeuginsassen bitten dürfte, vorschriftsmäßig die Sicherheitsgurte des Rückhaltesystems anzulegen. Die Schlusszunge bitte hörbar über den Umlenker in das Gurtschloss einrasten lassen.«

Wir machten uns auf den Weg zum Heilig-Kreuz-Krankenhaus. Ich holte mein Smartphone aus der Tasche, googelte den Tatbestand illegaler Müllentsorgung in einem Wasserschutzgebiet und war mir sicher, dass ich Grotti beizeiten sein Beamtendeutsch abgewöhnen müsse.

Kapitel 10

Von gebrochenem Deutsch, gebrochenem Eintopf und einem schwangeren Mann mit farbigen Händen

Die Notfallambulanz war an diesem Tag zum Glück nicht gut besucht, aber dementsprechend auch nicht gut besetzt.

Das Bild, das wir abgaben, war nicht weit vom Pressefoto des Jahres entfernt. Aufgereiht im Foyer des Krankenhauses stand da also meine Nichte Tamara mit ihrem abgebrochenen Fingernagel, Kuhfladen beschmierten Pumps und einem kleinen Stückchen Dachpappe in ihren Haaren. Zu ihrer Linken befand sich Tessa mit der Flasche Grolsch in der Jackentasche ihres schwarzen Lederparkas und einem dicken Flecken vom holländischen Eintopf daneben. Dann kam ich mit meinem versauten, öligen *Knight-Rider*-T-Shirt und der ebenso vollgestaubten Jeans an der unteren Hälfte meines Körpers. Links neben mir stand wiederum Swantje in ihrer holländischen Polizeimontur, die aber hier im Krankenhaus unbekannt war und eher wie die Fantasieuniform einer Türstehergilde aus St. Pauli aussah. Mit Klarinette in der Hand und der Polizeimütze unter dem Arm wirkte sie dennoch nicht furchterregend. Und zu guter Letzt Grotti, der sich in seinem total durchgeschwitzten Rollkragenpullover für die Gesprächsführung verantwortlich fühlte. Schließlich war er es auch gewesen, der mit seinem Charme erneut eine Frau umgehauen hatte. In diesem Fall sogar eine holländische Polizistin.

Eine Krankenschwester mit leichtem Damenbart, die auf dem PC gerade Solitär spielte, empfing uns freundlich.

»Wo kommen Sie denn her? Als Erstes: Handys aus! Sie befinden sich in einem Krankenhaus. Hier wird nicht gezockt!«

Wir holten alle wie geprobt gleichzeitig unsere Smartphones aus der Tasche und schalteten die Dinger aus.

Grotti trat einen Schritt nach vorn.

»Äh, werte Dame, wir haben im Polizeieinsatz eine vermeintlich verletzte Person geborgen. Die Dame müsste mal medizintechnisch, also, ich meine, ein Mediziner und natürlich auch eine In, also eine Medizinerin müsste, äh, müssten sich vielleicht mal röntgentechnisch ...«

Mir platzte fast der Kragen, während die Empfangsdame einen DIN-A4-Zettel auf den Tresen legte und mich fragend anguckte: »Quatscht der Kleine immer so geschwollen? Was hat die Polizeipräsidentin denn? Flötet die Klarinette nicht mehr?«

Ich nahm den Zettel von der Theke und antwortete.

»Nein. Was mein Neffe die ganze Zeit zu sagen versucht, ist, dass die junge Dame sich im Einsatz mit ihm eventuell was gestaucht hat und wir das gern mal durchchecken lassen würden.«

Die Flaum-Frau hob den Blick, strich mit den Fingern ihren Damenbart in Form und zwinkerte uns mit einem Auge zu.

»Im Einsatz mit ihm? Aha, ich versteh schon. Autoerotischer Unfall also?! Na, so was kann auch Frauen passieren. Lassen Sie sich beim Ultraschall doch etwas Flutschi abfüllen.« Die burschikose Dame lachte dreckig.

»Okay. Dann füllen Sie mir mal bitte den Bogen aus und setzen sich da vorn in den Wartebereich. Der Arzt kommt gleich.«

Grotti schob dazwischen: »... oder die Ärztin. Man könnte auch genderneutral ›heilende Person‹ sagen.«

Ich zog Grotti heftig zur Seite, und wir setzten uns alle in den Wartebereich. Bevor ich das Handy ausgeschaltet hatte, sah ich noch, dass meine Eltern mich erreichen wollten, um mir irgendwas mitzuteilen. Und während Tamara sich nun lautstark mit ihrem Bruder anlegte, warum dieser immer so unbeholfen und bescheuert, aber dennoch politisch korrekt versuche, sich auszudrücken, begann Swantje auf ihrer Klarinette »Don't Worry Be Happy« zu flöten, während Tessa allen Kaffee aus dem Automaten besorgte.

Tamara hatte ja nicht unrecht. Diese ganze umständliche Ausdrucksweise in Deutschland, vor allem im Vokabular der Behörden, kurz Beamtendeutsch, ufert immer mehr aus. Warum muss man im Juristen- oder Beamtendeutsch für jeden simplen Begriff einen komplizierten suchen und finden, der vielleicht innerhalb einer Behörde durchaus gängig und verständlich ist, von der breiten Masse in Anschreiben aber überhaupt nicht kapiert wird. Auch das Produzieren neuer unverständlicher Wortkreationen ist eine Art Verboteritis, da die eigentlich viel kürzeren und simpleren Begriffe und Beschreibungen somit immer weiter aus dem Sprachgebrauch verdrängt werden.

Nun gut, dass es sich bei einer Ampel korrekt ausgedrückt um eine Lichtzeichenanlage handelt, ist jedem Leser verständlich und auch auf den ersten Blick erkennbar. Das billige LED-Geblinke bei mir in der Grillecke ist aber auch eine Lichtzeichenanlage. Sagt man hingegen Ampel, so weiß jeder Bundesbürger unmissverständlich Bescheid, dass es sich nicht um Twilfers Kotelettzone handelt.

Spannender wird es im Behördenjargon hingegen bei Begriffen wie Abstandseinhaltungserfassungsvorrichtung, einem Wort mit schlappen vierzig Buchstaben, das es im Beamtendeutsch tatsächlich gibt und das nichts anderes umschreibt als Querstreifen auf der Autobahn, die man ab und zu mal vor Brücken sieht, um von dort zu messen, ob auch jeder seinen Abstand zum Vordermann einhält. Eine schöne Wortkreation, wie ich finde, die nur leider keine Sau kennt und braucht. Nett ist auch der behördliche Begriff »Bagatellgastronomie«, der nicht die schlechte Pizzabude von nebenan abwertet, sondern schlichtweg aussagt, dass es Formen der gewerblichen Bewirtung gibt, die nichts mit einem eigentlichen Gastronomiebetrieb zu tun haben. Also, zum Beispiel, wenn Tamara in ihrem Nagelstudio einen Kaffee angeboten bekommt, während man sich um ihren kaputten Mittelfinger kümmert. Die Inhaberin des Nagelstudios ist also gleichzeitig auch eine Bagatellgastronomin.

Dass es sich bei einem einachsigen Dreiseitenkipper um eine Schubkarre handelt und eine Grundstücksentwässerungsanlage nichts anderes als eine Regenrinne ist – geschenkt. Spannender ist da schon der Begriff der »nicht lebenden Einfriedung«, der schlichtweg einen Zaun beschreibt. Zaun – vier Buchstaben, kennt jeder. Nicht lebende Einfriedung – 23 Buchstaben – wird aber im Behördendeutsch verwendet. Wächst dem Jägerzaun hingegen irgendwann mal ein Arsch mit Ohren, dann kann man auch von einer lebenden Einfriedung sprechen.

Luftverlastung, für den Flug mit einem Hubschrauber, finde ich persönlich auch sehr gelungen. Abgeschossen haben das Thema aber zwei Begriffe, die Sie sicher noch nie gehört haben, zumindest jedoch nie im Alltag benutzen werden. Wissen Sie zum Beispiel, was eine Personenvereinzelungsanlage ist? Nein? Dann denken Sie doch mal an dieses Buch, wenn Sie beim nächsten Einkauf durch das Drehkreuz eines Geschäftes schlendern. Mein absoluter Favorit in Sachen überflüssiges Beamtendeutsch ist aber der Begriff Lebensberechtigungsbescheinigung. Jeder Bundesbürger besitzt eine Bescheinigung, die ihn dazu berechtigt, leben zu dürfen. Ist das nicht toll?

Also, ein amtliches Dokument, das einem überhaupt erlaubt, da zu sein, dieses Buch zu lesen und anderen die Luft wegzuatmen. Wir alle kennen hingegen nur den eher geläufigeren Begriff Stammbuch.

Wer sich tiefgreifender mit dem durchaus humorvollen Thema Beamtendeutsch beschäftigen möchte, dem sei der Märchenklassiker *Rotkäppchen* empfohlen, der vor vielen Jahren mal in der beamtendeutschen Version veröffentlicht wurde.

An diesen Beispielen erkennt man sehr gut, dass der deutsche Wortschatz regelmäßig durch ziemlich überflüssige Wörter erweitert wird und permanent wächst. Insgesamt kennt die deutsche Sprache inzwischen etwa fünf Millionen Wörter, von denen wir aber im täglichen Umgang nur mehrere Tausend verwenden. Verstehen hingegen können wir wesentlich mehr. Viele Wörter verschwinden ja auch wieder aus unserem Gehirn. Schöne Wörter eigentlich, die ich als Kind noch kannte und die auch viele unter Ihnen sicher noch im Ohr haben. Angefangen von der Sony-Marke Walkman über Wählscheibentelefon und Raucherabteil bis hin zum Diskettenlocher und Roy-Black-Konzert werden viele Wörter die nächsten Jahrzehnte nicht mehr überleben. Häufig sind es also Begriffe für inzwischen überholte technische Errungenschaften, die aus dem Sprachgebrauch verschwinden. Schade ist es eigentlich nur um mein Lieblingswort aus den Achtzigern – Bandsalat …

Unsere neue holländische Freundin Swantje war inzwischen ins Behandlungszimmer gerufen worden. Sie wurde untersucht, ob sie neben dem Eintopf noch etwas anderes gebrochen hatte, als Grotti sie beim Fall von der Bühne zärtlich in den Arm genommen hatte.

Tamara hingegen machte klar, dass sie im Büro gleich erst

mal chillen will, weil sie nach dem ganzen Zirkus im Vereinsheim der Schützen total lost sei. So richtig stoned sei sie zwar nicht, aber richtig nice sei der Nachmittag wegen dieser ganzen Wannabes ja nicht verlaufen.

Ich schaute Tamara an und fühlte mich wie ein neunzigjähriger Mann, dem ein Tamagotchi erklärt wird.

Die Jugendsprache trägt nämlich auch sehr stark dazu bei, dass deutsche Wörter von neuen Ausdrücken verdrängt werden und auf diese Weise wohl oder übel von der Speisekarte der deutschen Sprache verschwinden.

Erkennbar ist natürlich, dass diese Wörter meist aus dem Englischen stammen, unsere Gesellschaft also immer mehr dazu neigt, deutsche Begriffe durch englische zu ersetzen. Das Denglisch ist also mit seinen zahlreichen Anglizismen auf dem Vormarsch, birgt jedoch ein entscheidendes Problem. Es hat keinen Nutzen. Es verbessert nichts, wenn wir statt »Schlussverkauf« plötzlich überall »Sale« auf die Schaufenster pinseln. Bis auf die Tatsache, dass der Erotikfachhandel von nebenan dafür weniger Farbe benötigt, weil, anders als im Beamtendeutsch, die englischen Wörter meist kürzer sind als die deutschen.

Viele, gerade ältere Leute, finden das sogenannte Denglisch nervig, da sie manche Begriffe schlichtweg nicht verstehen. Ich, als Blag der siebziger und achtziger Jahre, kann mit allem gut leben, weil ich größtenteils mit Englisch und vielen daraus entlehnten Begriffen groß geworden bin. Meine Omma sah das bereits damals anders. Wie lustig war es doch, wenn früher alte Leute englische Begriffe lasen, diese aber so aussprachen, wie sie geschrieben wurden. Da machte meine Omma aus dem Sideboard gern mal das Siedebort und aus dem Woolworth-Markt wurde die Wollwort, kurz Wolli genannt. Dass meine Omma auch das Italienische vergewaltigte und Bongolese-Sauzze sagte, ist eine andere Geschichte.

Heutzutage nehmen die Bestrebungen, alles durch englische Begriffe ausdrücken zu wollen, um vermeintlich hipper, cooler und moderner (alles englische Begriffe) zu sein, aber überhand. Insbesondere die Werbeindustrie und die großen Konzerne sind gern mal schnell dabei, wenn es darum geht, Wortkreationen zu bilden, bei denen wirklich kein Mensch mehr durchblickt.

Das ganze Thema zu Herzen genommen hat sich der Verein Deutsche Sprache, der ein sehr genaues Auge darauf hat, bis zu welchem Punkt Denglisch und Anglizismen im deutschen Sprachgebrauch noch erträglich sind und ab wann man sie ächten sollte, weil sie überflüssig sind und viel an sprachlichem Kulturgut in Deutschland kaputtmachen. Der Verein sitzt übrigens in Dortmund, also im Herzen des Ruhrgebiets, wo man mit ruhrpotttypischen Wortexoten wie »verkasematuckeln« und »Furzknoten« schließlich Erfahrung hat. Und daher vergibt er jährlich die Auszeichnung zum Sprachpanscher des Jahres, eine Honorierung für die Menschen und Institutionen, die die deutsche Sprache derart mit Füßen treten, dass es schon wehtut.

Spitzenreiterin ist hier übrigens unsere Brüssel-Uschi, also Frau von der Leyen, die prinzipiell sogar den Busfahrer in Castrop-Rauxel auf Englisch begrüßen würde. Aber auch andere Politiker sind beim Sprachpanschen weit vorn. Günther Oettinger zum Beispiel, das slangfreie Englischwörterbuch aus dem Schwäbischen, der in Deutsch nicht viel besser zu verstehen ist als in Englisch, hat vorgeschlagen, dass man im Arbeitsleben, vorrangig in der Wissenschaft und Wirtschaft, doch generell Englisch sprechen solle, da das nun mal die Sprache sei, die dort am verbreitetsten sei. Deutsch könne man sich für den Feierabend und die Freizeit aufheben. Ist das nicht eine tolle Idee? Da wird gar nicht lange herumgedruckst. Nein, da wird gleich die deutsche Sprache als Ganzes eliminiert und einem nur noch gestattet, im Bett mit dem (eigenen) Ehepartner beziehungsweise auf der Kirmes und im Phantasialand Deutsch zu sprechen.

Ich stelle mir schon bildlich vor, wie die beiden Klempner gemeinsam unter dem Hängeklo liegen und sich unterhalten:

»Günni, please give me mal den Six-Kant-Schlüssel. I muss abschrauben the Klopott from the Zuleitung.«

»Dabadada yippi yipie yeah, Kevin! That is a good Idee. I will schnell hol the Rohrpumpenzange for doing that Scheißjob.«

Herr Oettinger, die Auszeichnung zum Sprachpanscher des Jahres 2006 war wohlverdient.

Unsere ehemalige Bildungsministerin, Frau Karliczek, scheint diesen Vorschlag auch für gut befunden zu haben. Zumindest in Bezug auf die Handwerker. Sie hat nämlich mal vorgeschlagen, dass auch im Handwerk englische Bezeichnungen weit moderner und zielführender seien als die deutschen. Aus dem Handwerksmeister würde dann ihr zufolge der »Bachelor Professional« und der »Master Professional« werden. Kein Scherz! So was schlagen von Langeweile getriebene deutsche Politiker vor, die mal einen Eid geschworen haben, Schaden vom deutschen Volk abwenden zu wollen.

Aber auch urdeutsche Institutionen wie der Deutsche Turnerbund haben schon die zweifelhafte Ehre gehabt, den Preis zum Sprachpanscher des Jahres zu erhalten. Obwohl man das Wort Deutsch sogar im Namen trägt, kam man vor einigen Jahren auf die Idee, das bevorstehende Turnfest in Frankfurt mit einem Kauderwelsch aus deutschen und englischen Begriffen zu bewerben. Man las in der Werbung Begriffe wie Turnfest-Community, Gym Card, Volunteer-Programm und Rent-a-Star. Was man mit Gymmotion meinte, weiß bis heute wahrscheinlich kein einziges Vereinsmitglied.

»Tja, this is not the yellow from the egg, found I!«, sagte Tessa mit ihrem Kaffee in der Hand, während Swantje mit einer Pillenpackung aus der Notfallambulanz kam. Außer dem Mageninhalt hatte sie zum Glück tatsächlich nichts gebrochen, sodass ein paar Tabletten gegen Übelkeit aushalfen und wir uns mit Grotti und den anderen zusammen auf den Weg zum Kommunalamt machten, also der eigentlichen Arbeitsstelle meines lieben Neffen.

Grotti wollte Swantje zeigen, wie sein Arbeitsplatz fernab der Polizeiwelt aussieht. Das etwas verloren wirkende holländische Mädchen hatte dem zugestimmt und begleitete uns also weiterhin, während Tamara sich an der Bushaltestelle absetzen ließ, um zurück zu Sparbiers Baubetrieb zu kommen.

An der ersten Ampel angekommen, lüfteten wir wieder quer. Der Autofahrer neben uns schaute nicht schlecht, als ihm plötzlich eine niederländische Polizistin in Uniform und mit Butterblümchen an der Kopfbedeckung laut den Begriff »Deutschbeamte« durch die geöffnete Tür zurief. Swantje hatte nicht nur Talent, schnell unsere Sprache zu perfektionieren, sondern auch ein feines Näschen für Humor. Eine lustige Frau, die auch Grotti imponierte.

Als die Lichtzeichenanlage dann wieder auf Grün sprang und Tessa mit zehn Stundenkilometern im Rekordtempo hinter einem Gülleanhänger herjuckelte, gab uns das die Gelegenheit, das Thema Denglisch und das Verschwinden der deutschen Sprache noch mal zu vertiefen.

Grotti kam auf das Thema Werbung zu sprechen. Seiner Meinung nach sei es für einen Bundesbürger, geboren irgendwann nach Millennium und 9/11, doch selbstverständlich, dass Werbebotschaften in Englisch ausgedrückt werden. Die Produkte sollten schließlich weltweit beworben werden, und somit könne man als Unternehmen auch verdeutlichen, wie international man sei.

Mir ging die Hutschnur hoch, und ich musste Grotti dringend von diesem hohen Horse herunterbekommen.

»Grotti, wie sagte schon eine große deutsche Parfümeriekette, die nicht von Michael Douglas gegründet worden war, unmissverständlich: ›Come in and find out.‹ Wenn du weiterhin den ganzen englischen und denglischen Werbekram befürwortest, dann kannst du auch gleich mal herausfinden, wie man hier aus dem Auto herausfindet.«

Ich gab Grotti ein Beispiel, das hoffentlich auch Swantje verstand, da es ebenfalls um Kopfbedeckungen ging. In diesem Fall allerdings ohne Butterblümchen dran. Das Bundesverkehrsministerium, vertreten durch Action-Andy-Scheuer, schmiss vor einigen Jahren mal Steuergeld für eine Kampagne zum Fenster raus, die für Fahrradhelme warb. Man sah plötzlich auf vielen Plakaten perfekt gestylte Männer- und Frauenmodels, halbnackt mit einem wie immer uncool aussehenden Fahrradhelm auf der Runzel grinsen. Und darüber der natürlich im Englischen verfasste Werbespruch: »Looks like shit. But saves my life.«

Grotti schaute auf Swantjes blumenverzierte Mütze und antwortete: »Na, und? Ist doch ’ne coole Aussage. Auch wenn es scheiße aussieht, rettet so ein Helm dein Leben.«

Die Werbekampagne, bei der Models aus Heidi Klums Sendung *Germany’s Next Top-Moppel* angetreten waren, stieß auf starke Kritik. Abgesehen davon, dass die Klum ihren ganzen Alltag offenbar auch nur im Denglischen bestreitet, sei es doch eines Ministeriums nicht würdig, dass man mit dem Begriff *shit* werbe. Auch sei es sexistisch, dass die Models auf den Plakaten halbnackt zu sehen sind. Dass aber die ganze Werbekampagne auf Englisch vonstattenging, war hingegen nur eine Randnotiz. Dass hier nicht schlichtweg mit einem deutschen Werbespruch geworben wurde, ist aus meiner Sicht nämlich die eigentliche Sch... Zudem gibt es inzwischen durchaus ansehnliche Fahrradhelme zu kaufen.

Auch sollten wir beim Verschwinden vieler deutscher Wörter darauf achten, dass der Schuss Denglisch nicht manchmal nach hinten losgeht. Viele Begriffe, die wir wie selbstverständlich aus dem Englischen ins Deutsche importiert haben, existieren im englischen Sprachgebrauch schlichtweg gar nicht oder haben, was noch viel schlimmer ist, eine ganz andere Bedeutung. Der Begriff »Bodybag« zum Beispiel wird in der glitzernden Teeniewelt zwischen H&M und Zara gern mal für eine Umhängetasche verwendet. Im Englischen bezeichnet man aber nur Leichensäcke so. Wenn Sie also demnächst Ihre getötete Schwiegermutter fachgerecht beim Wertstoffhof entsorgen möchten, dann kaufen Sie bitte den Bodybag nicht im Modefachgeschäft, sondern im örtlichen Zubehör-Store des Bestatters Ihres Vertrauens. Der kann Ihnen dann auch sagen, dass der Begriff »Public Viewing« im Englischen nicht für das schwarz-rot-goldene Besäufnis nach dem Halbfinale benutzt wird, sondern im englischen Sprachgebrauch die öffentliche Aufbahrung eines Leichnams in der Totenhalle gemeint ist. Und auch Models und Mode-Agenten wie Frau Klum sollten beim nächsten »Shooting« mit ihren halb nackten Fahrradhelmis darauf achten, dass sie nicht erschossen werden. Im Englischen ist ein Shooting nämlich eine wilde Schießerei fernab der Modeltraumwelt à la Heidi und kein Fotografieren von Dingen, die like shit aussehen.

Tessa zog tief an ihrer Zigarette und amüsierte sich über das Thema Shooting genauso wie über die schönen Fotos, die sie auf dem Schützenfestplatz gemacht hatte.

Wir spielten nun reihum das kleine Spiel, welche Anglizismen im Sprachalltag total überflüssig sind, da auch ein deutscher Begriff ausreichen würde.

Tessa fing mit einem schön doofen Begriff an: »Gedownloadet«.

Grotti war dran: »Airline«.

Nun musste ich mir was überlegen: »Äh, Challenge!«

Dann kam Swantje, der durch die rasante Fahrweise Tessas wieder leicht der Eintopf hochkam. »All you can eat!«, sagte sie mit niederländischem Akzent.

Dann war wieder Tessa dran, die mich nun im Rückspiegel ansah: »Anti-Aging-Creme ist doch auch ein Begriff, der überflüssig ist.«

Warum sie mich dabei ansah? Ich weiß es doch auch nicht. Auch das Wort »batteln«, also kämpfen, fiel, welches ja inzwischen inflationär in jeder Gaming- und Datingshow von RTL2 bis hin zu Astro-TV benutzt wird. Alle sind sich im Fernsehen plötzlich nur noch am Batteln. Wenn mein Kumpel früher zu mir kam und vorschlug, den Nachmittag mit Batteln zu verbringen, dann setzte man sich in die Fußgängerzone und wartete auf 'ne Mark im Hut.

Ich beendete das Spielchen mit *dem* Begriff aus dem Englischen, den die deutsche Sprache neben »Midseason Sale« am allerwenigsten braucht, den wir aber pestgleich wohl nie wieder richtig loswerden: SHOPPING!

Dialoge zwischen Teenies klingen daher heute oft so:

Cheyenne-Kiara bei WhatsApp: »Was los, Noemi?«

Noemi-Fee-Dalisha: »Ich geh Shopping morgen! Tust du mit?«

Cheyenne-Kiara: »War gestern shoppen. Chille jetzt von shoppen. Gehst du allein tun?«

Noemi-Fee-Dalisha: »Shoppen is nur zu zweit geil, wegen gucken und so!«

Cheyenne-Kiara: »Boah, voll stressig. Okay, lass shoppen gehen morgen.«

Wie man sieht, ist Kommunikation zwischen zwei deutschen Personen ohne Begriffe aus dem Englischen gar nicht mehr möglich. Es sei denn, sie sind dazu in der Lage, sich per Handy ausschließlich mit Emojis auszudrücken. Die kleinen lustigen Smileys, die mal mit einem einzigen angefangen haben. Ein kreisrunder gelber Flatschen mit zwei Punkten und einer waagerecht liegenden Klammer darunter, die einen Grinsemund darstellt. Das war die Welt des kleinen Kais in den achtziger Jahren, als man von Smartphones noch träumte und sich mit Plastiktelefonen von Fisher-Price die Zeit vertrieb, bis die Mutti einen in den Hochstuhl setzte und Möhrendurcheinander servierte.

Inzwischen gibt es (Stand 2021) 3633 verschiedene Emojis, mit denen man ganze Doktorarbeiten durch WhatsApp durchjubeln kann, ohne auch nur ein einziges deutsches Wort benutzen zu müssen. Es ist also möglich, ganz ohne aufwendige Syntax, einen Dialog zu führen wie eben zwischen Cheyenne-Kiara und Noemi-Fee-Dalisha. Natürlich nur fernmündlich über das Handy. Das gute alte gesprochene Wort findet ja ohnehin nur noch bei der Befragung durch die erste Strafkammer am Jugendgericht statt.

Die neueste Errungenschaft unter den Emojis ist die Darstellung eines schwangeren Mannes, der, Sie haben es erraten, die Geschlechtergrenzen eliminieren soll, wenn man ihn als Emoji verwendet. Ich frage mich zwar, bei welcher Gelegenheit dieses Emoji zum Einsatz kommen kann, aber nun gut. Es gibt das Bildchen nun, und man kann es verschicken. Emojis dienen ja auch in erster Linie laut Emoji-Expertenrat nicht dazu, die deutsche Sprache zu verdrängen, sondern sie zu ergänzen, um Stimmungen auszudrücken. In der guten alten Zeit drückte man Stimmung aus, indem man einen Menschen persönlich anlächelte und mit ihm nackend auf dem Tisch tanzte, während Handys noch gar nicht erfunden worden waren. War auch nicht schlecht. Heute verschickt man eben Bilder von schwangeren Männern. Dabei kann mein Gesicht mindestens genauso viele Gesichtsausdrücke darstellen wie tausend Emojis – und das im nüchternen Zustand. Den schwangeren Mann musste ich in meinem Leben bisher nie bildlich darstellen, obwohl das Emoji auch gern verwendet wird, um zu symbolisieren, dass man sich überfressen hat und einem der Bauch wehtut. So wie bei Swantje.

In der Blütezeit meiner Jugendjahre stand man einer Frau auch noch angelullt gegenüber und sagte ihr morgens um vier schlämmeresk ins Ohr: »Isch lieb disch! Weiße Bescheid!« Heutzutage schickt man seiner Tinder-Bekanntschaft einfach ein Emoji, das zwei Hände darstellt, die ein Herz formen. ICH KANN DIESE GESTE NICHT MEHR SEHEN! Überall machen irgendwelche Fernsehnasen den Herzchengruß in die Kamera. Egal, ob bei den Olympischen Spielen, wenn der Abfahrtsläufer ins Ziel eingefahren ist, oder beim Eurovision Song Contest während des ganzen Abends. Alle Welt zeigt nur noch Herzchen und bricht sich dabei fast die Handgelenke. Der alternativ zugepustete Kuss über die Handfläche macht das Desaster auch nicht besser.

Und wenn wir das Thema Anti-Diskriminierung wieder bemühen wollen: Es gibt nun auch die Möglichkeit, Emojis zu wählen, die den Handschlag zweier Personen darstellen. Natürlich ist die Farbe der Hände frei wählbar. Wenn also beispielsweise Homer Simpson Kermit, dem Frosch, zum Geburtstag gratuliert, dann schickt er ihm das Emoji mit gelber und grüner Hand …

Wir fuhren nun auf den Parkplatz des Kommunalamtes für neue deutsche Korrektheit, Grottis Arbeitsplatz und die Keimzelle des Spießbürgertums und der Verboteritis. An diesem Ort war zwar selbstverständlich noch alles in Deutsch beschriftet worden, aber frei von Verbotsschildern und Einschränkungen blieb er deswegen nicht. Auch die Verbotskultur in Sachen Schilder ist nämlich in Deutschland schon lange aus den Fugen geraten. Okay, den Klassiker »Betreten der Baustelle verboten. Eltern haften für ihre Inder« kennt jeder. Also, bis auf den kleinen Kai, der früher natürlich gerade dann über den Zaun musste, um als Kind zu erkunden, was da wieder Spannendes verboten war. Auch so lustige poetische Verbotsschilder wie »Dies ist ein Garagentor, nur ein Doofmann parkt davor« werden von den meisten zügig verstanden und häufig akzeptiert.

Dennoch ufert das Schildbürgertum in Deutschland gern mal aus und beschert uns Verbotshinweise, auf die wir auch verzichten könnten, da sie unsere Freiheiten unnütz einschränken oder uns für doof verkaufen wollen. Solch überflüssige Dinge dürfen in diesem Buch zur neuen deutschen Korrektheit natürlich nicht unerwähnt bleiben. Daher ein paar Beispiele: Wenn zum Beispiel auf einer langen Brücke in Fünfzig-Meter-Abständen Schilder montiert werden, die durchgestrichen einen Mann zeigen, der über das Geländer klettert, dann fragt man sich doch, ob es nicht dem größten Gesichts-Klaus, der keine Selbstmordabsichten hat, auch ohne Schild klar gewesen ist, dass er hier besser nicht über das Geländer klettert. Kann weg! Also die Schilder, nicht das Geländer.

Auch das Verbotsschild, das ich mal an einer deutschen Schrankenanlage gesehen habe, ist aus meiner Sicht entbehrlich. Auf diesem steht zu lesen: »Gefahrlose Durchfahrt nur bei senkrecht stehendem Schlagbaum möglich.« Oh Mann! Gut, dass ich noch rechtzeitig darauf hingewiesen wurde. Blickt man der Gefahr hingegen gern mal ins Auge, so ist also eine nicht gefahrlose Durchfahrt auch bei geschlossener Schranke möglich. Das Hinweisschild ist übrigens mit folgendem Satz ergänzt worden: »Senkrecht bedeutet, wenn die Spitze oben ist.«

Na ja, immerhin ist man sich darüber einig, dass ein Zuviel an Schildern und Hinweisen im Straßenverkehr eher für mehr Unübersichtlichkeit als für Sicherheit sorgt. Insofern sollten laut Fachpersonal in Deutschland an einem Mast nur maximal drei Schilder übereinander angebracht werden, um keine Verwirrung zu stiften. Folgendes Schild wäre also erlaubt: Pfeil nach links: »McDonald's«, Pfeil nach rechts: »Burger King«. Darunter ein kreisrundes Schild: »Grillen verboten!«

Aber nicht nur im Straßenverkehr versucht man dem mündigen Bundesbürger regelmäßig Dinge zu verbieten. Auch im öffentlichen Bereich außerhalb des Straßenverkehrs gelingt das sehr gut. Mir ist es tatsächlich schon passiert, dass ich eine öffentliche Toilette besucht habe, die von vorn bis hinten mit

Verbots- und Hinweisschildern in Form von DIN-A4-Zetteln zugepflastert war. In der Toilettenzelle ein Hinweis über der Druckspülung: »Achtung, kein Trinkwasser!« Über der Klobürste ein guter Tipp: »Bürste nicht in Körperöffnungen einführen. Infektionsgefahr!« Und an der Ausgangstür der vergilbte Zettel: »Bitte beim Verlassen des Raumes das Licht erst ausschalten, wenn Sie sich vergewissert haben, dass niemand mehr auf der Toilette sitzt.« Sie glauben, ich scherze? Bei Interesse teile ich Ihnen für Ihr nächstes Toilettenerlebnis gern die erforderlichen GPS-Koordinaten mit, wo Sie dieses Klo finden können.

Auch der Hinweis vor der Arztpraxis eines Internisten, man möge doch bitte keine Stuhlproben in den Briefkasten werfen, macht das Problem mit Hinweisschildern nicht appetitlicher. Wenn aber ein Krankenhaus in einer Neugeborenenstation tatsächlich den Warnhinweis anbringt: »Bitte nehmen Sie nur Ihr eigenes Kind mit nach draußen«, dann fragt man sich, ob Menschen, die das missverstehen könnten, überhaupt Kinder zeugen sollten. Und auch das weltbekannte schwedische Möbelhaus ist durchaus in der Lage, den Kunden durch Verbotsschilder den Einkauf zu versüßen. In der Badausstellung hat man in Toilettentöpfe durchsichtige Plexiglas-Inlays gelegt, auf denen steht, dass sich die Kundentoiletten im Restaurant und im Eingangsbereich befinden. Verdammte Axt! Ich lasse mir nicht vorschreiben, wo ich im Möbelhaus hinzumachen habe, und verziehe mich für große Geschäfte jetzt einfach in die Kleiderschränke. In die, auf denen H für Hosenscheißer steht.

Kapitel 11

Von Rohköstlern mit Pappstrohhalmen, Zora der zornigen Zecke
und einer Burlesque-Show im Pfarrheim

Bereits auf dem Flur des Amtes hörten wir lautes Geschrei von einem uns sehr bekannten Herrn. Es duftete wunderbar nach frischen Arabica-Bohnen, als Grotti die Tür zum Empfangsraum öffnete. Unser Blick fiel auf Hebemann, der von oben bis unten besudelte Melitta-Mann. Er stand, immer noch hocherregt, vor der Sekretärin, die – wenn es nach meinem Neffen gegangen wäre – eigentlich eine politisch korrekte Transgenderfrau hätte sein müssen. Da aber keine zu finden gewesen war, hatte man sich für unsere ortsbekannte und sehr erfolgreiche Dragqueen Mimi entschieden, die in Wirklichkeit Leander heißt. Ein stets gut gelaunter junger Mann, der inzwischen 24/7 als Dragqueen gestylt seinen Alltag bestreitet und ordentlich Farbe in den grauen Alltag Borsens und des Amtes gebracht hatte. Mimi on TV, wie sie sich selbst etwas unkonventionell nannte, hörte ganz gespannt ihrem Chef zu.

»Frau Mimi! Und als mir Sparbier den Gauleiter um die Ohren warf, da hat mir dieser Rüpel von den Schützenbrüdern doch tatsächlich den Kaffee … Also, Sie sehen ja selbst. Und das als Ministerpräsident. Dabei war ich sogar fürs Licht zuständig. Ich bin so was von empört.«

Mimi lauschte immer noch andächtig ihrem Chef. Wir begrüßten alle, und es wurde langsam voll in dem kleinen Vorzimmer. Es waren nämlich noch zwei weitere Personen anwesend, die ich, hinter der Tür sitzend, zunächst gar nicht wahrgenommen hatte: Meine Eltern waren gekommen, um sich endlich die Genehmigung für ihre Toilettenanlage im Salon abzuholen.

Ich begrüßte die beiden und stellte ihnen unseren weiblichen Neuling Swantje vor, die sich im Hinblick auf den Kaffeemann mit Super-Gau auf dem Anzug und unserer Dragqueen Mimi wie im falschen Film vorgekommen sein musste.

Mein Vater fuhr dem Ministerpräsidenten für Arme in die Parade: »Wir haben übrigens die Beweisfotos mit.«

Hebemann schaute meinen Vater überrascht an.

»Ach, Sie haben fotografiert, wie man mir die braune Suppe über den Anzug gegossen hat?«

Meine Mutter schaltete sich mit ins Gespräch ein.

»Nein. Es geht mehr um die braune Suppe bei uns im Salon. Wir haben die Tür von der Toilettenparzelle nun ganz entfernt. Wir fanden, das war die beste Lösung, da es den Friseursalon für alle Ethnien viel mehr öffnet. Außerdem ist das barrierefreier. Völkerverständigung ohne geschlechtliche Grenzen und Hindernisse quasi. Auf der Toilette sind wir doch ohnehin alle gleich. Jeder, der kann, der kann jetzt. Oder besser ausgedrückt: Jeder, egal ob er schwarz oder bunt ist, kann bei uns das Klo benutzen, so wie er, sie oder es möchte.«

Wir schauten auf Mimi, die sich ihre bunte Perücke zurechtrückte und zufrieden schaute. Der kaffeebraune Hebemann hingegen war irritiert.

»Hören Sie. Was wollen Sie denn dann hier im Amt? Sie sehen doch, dass ich soeben Opfer eines heimtückischen Angriffs geworden bin. Früher hatte man Respekt vor Ministerpräsidenten. Eines steht fest: Der Sparbier wird seine Kaserne nicht bauen. Nicht im Ortskern und auch sonst nirgends. Das werden wir hier im Amt zu verhindern wissen. Nicht war, Herr Olm? Fräulein Mimi, bitte setzen Sie sofort ein Schreiben an den Bürgermeister auf.«

Grotti hatte einen Einwand: »Äh, Chef. Der Bürgermeister

will die Kaserne aber unbedingt bauen lassen. Sie wissen doch, der Landesverdienstorden …«

Mein Vater wedelte nun mit Fotos aus unserem Salon durch die Luft.

»Sehen Sie mal, wir haben nun auch eine gendergerechte Solariumanlage im Keller. Da wird man nicht mehr braun, sondern regenbogenfarben. Diversity ohne Ende.«

Hebemann platzte der Kragen: »Herrgott, Herr Olm! Nun geben Sie den Twilfers für ihr dämliches Klo jetzt endlich die Genehmigung. Wir haben in Borsen doch nun ganz andere Sorgen.«

Mein Vater knallte Mimi das ausgefüllte Antragsformular und die Fotos auf den Schreibtisch. Grotti nickte ihr wortlos zu, und meine Eltern erhielten den lang ersehnten Stempel, um auch weiterhin alle Kunden und Innen sorglos auf dem Lokus ihren Geschäften nachgehen lassen zu können. GENEHMIGT!

Mimi schaute sich kurz die Fotos an: »Sagen Sie mal, Herr Twilfer, hat die Frau da auf der Fototapete keine Haare?«

Mein Vater schnappte sich die Papiere und verabschiedete sich von uns allen: »Kai! Grotti! Morgen 18 Uhr, nach Feierabend. Kloparty im Salon. Ich erwarte euch da alle. Eure holländische Freundin soll sich aber was Ziviles anziehen. Wenn die aussieht wie der Gendarm von Saint-Tropez, ist die bei uns nicht so gern gesehen.«

Kaum hatte mein Vater seine Friedensbemühungen kundgetan und sich aufgemacht, mit meiner Mutter in Richtung Friseursalon zu verschwinden, da ging die Tür zum Vorzimmer erneut auf, und die zwei Leibhaftigen standen vor uns: Frau von Schmoller und Zora, die zornige Zecke, wie immer mies gelaunt schauend, gesellten sich nun ebenfalls zu uns ins kleine Zehn-Quadratmeter-Büro. Es wurde enger als auf der gendergerechten Toilette im Salon meines Vaters, sodass meine Eltern nun endgültig das Weite suchten und auch fanden. »Tschüss, ihr Verrückten! Hallo, Frau von Schmoller.«

Die alte Dame erhob die Brust und drehte sich zu Hebemann hin.

»Mein Name ist Schmoller! Frau von Schmoller! An meiner Seite die Umweltaktivistin Zora.« Zora legte ihr Gesicht in Zornesfalten.

»Wir möchten nun offiziell mein Haus segnen lassen und beantragen hiermit von Amts wegen die Kirchweihe für den Wohnbereich, meinen Hausflur, meinen Wäschekeller und vor allem für die Fläche vor meinem Haus.«

Grotti wurde langsam unruhig.

»Äh, Herr Hebemann, ich hatte Ihnen ja noch gar nicht von meinem Radiointerview und dem Treffen mit Frau von Schmoller erzählt. Frau von Schmoller hat da einen Flüchtling ... Nein, stopp! Falscher Ansatz. Frau von Schmoller plant da etwas Heiliges. Also, sie möchte, dass der Dorfkern, also da, wo sie wohnt ...«

Ich unterbrach meinen Nerv-Neffen erneut.

»Grotti möchte Ihnen sagen, dass Frau von Schmoller ihr Mietshaus zu einer Kirche weihen lassen möchte. Aus Gründen des Umweltschutzes.«

Hebemann rieb sich mit einem knallgelben Taschentuch von Mimi den Kaffee immer tiefer in den Anzug.

»Aha, Sie bewohnen also ein Mietshaus direkt im Ortskern?«

Unsere geliebte Terromma strich sich die frisch betonierte Dauerwelle etwas nach.

»Richtig! Und da dort ja bald eine Kaserne und ein Polizeischießstand gebaut werden sollen, in denen im Namen Gottes sicher keine Flüchtlinge Unterschlupf finden werden, möchte ich mein Haus gern zu einer Kirche weihen lassen.«

Hebemann holte einen leicht feuchten Kugelschreiber aus seiner Jackettasche. »Aber das ist ja ganz hervorragend, dass Sie sich so für Flüchtlinge einsetzen wollen, junge Frau. Haben Sie denn schon einen eigenen, oder können wir Ihnen da noch was vom Amt vermitteln? Warum schaut Ihre Umweltfreundin eigentlich die ganze Zeit so böse?«

Frau von Schmoller setzte sich nun auf den von meinen Eltern vorgewärmten Stahlstuhl, wie er in jeder Amtsstube seit den siebziger Jahren steht. Ich musste an den Friseurstuhl im Salon meiner Eltern denken.

Die Terromma nahm Fahrt auf.

»Machen Sie sich um Zora mal keine Sorgen. Die redet wenig, schaut immer böse, aber weiß und kann eine Menge. Die macht ihnen ein Braunkohlekraftwerk schneller dicht, als Sie sich Ihren Kaffee aus dem Anzug geschrubbt haben. Nicht wahr, Zora?«

Zora nickte, und Hebemann hörte sofort auf, die Flecken auf dem Anzug weiter zu verreiben.

»Äh, sagen Sie, Frau von Schnoller. Ich bin zwar Vertreter der Stadtverwaltung und dem Bürgermeister unterstellt, aber seit Kurzem auch kein großer Freund mehr davon, dass gewisse Baufirmen Ihnen dort eine Kaserne vor die Nase bauen wollen. Wie wäre es denn, wenn wir die Angelegenheit heute ausnahmsweise unbürokratisch regeln und das mal etwas genauer besprechen, wie wir Sie und Ihre Liegenschaft heiligsprechen können. Kommen Sie doch mal kurz mit mir nach nebenan.«

Hebemann griff Frau von Schmoller beherzt unter den Arm und führte sie galant in sein Büro. Der feine Milde eben.

Die Borsener Politposse nahm nun Konturen an. Man sah, dass es in deutschen Amtsstuben auch kurze Dienstwege gibt, wenn man dies als Verantwortlicher so möchte oder es zum Vorteil eines Entscheidungsträgers ist. Und sei es nur aus Rache für eine volle Kaffeekanne, die den Weg auf den Anzug eines Beamten gefunden hatte.

Wir saßen also mit Zora zusammen im immer wärmer werdenden Vorzimmer und schwiegen uns gegenseitig an. Grottis Wunsch, Swantje den Wahnsinn im Kommunalamt zu demonstrieren, war mehr als aufgegangen.

Mimi wollte uns gerade von ihrer neu geplanten Burlesque-Show im Pfarrheim erzählen, als das Telefon von Swantje klingelte.

»Oh, da musch ich drangehe. Dat isch meine Inspektorin.«

Ach, dachte ich mir, Miss Slager hat Neuigkeiten. Und während Swantje kurz zum Telefonieren auf den nach Bohnermittel duftenden Flur des Amtes verschwand, berieten Grotti, Tessa und ich uns, wie es denn nun weitergehen sollte. Mein Chefredakteur würde in Jubelstürme ausbrechen, wenn ich ihm die Geschichte mit der Generalprobe für die nächste Mittwochsausgabe zu Papier bringen und ihm auch noch die Geschichte mit Hebemann und der Terromma vertraulich berichten würde. Auch die Sache mit dem Sondermüll im Wasserschutzgebiet und direkt unter dem Vereinsheim der Schützenbrüder wäre für meinen Chef in der Redaktion sicher ein gefundenes Fressen, um den Schützen eines auszuwischen. Es wurde schließlich Zeit, dass mal wieder Ruhe in Borsen einkehrt und man sich um wichtige Dinge wie Kindergärten, öffentliche Grillfleischautomaten und die Kirchweihe von Wäschekellern kümmern konnte.

Sparbier war mit seiner Sondermüllaktion definitiv zu weit

gegangen, dachte ich mir, während mein Blick auf Zora fiel, die immer noch schaute, als wolle sie sich gleich schreiend auf den Boden werfen und erst aufhören, wenn wir ihr ein Überraschungsei auf das Kassenband gelegt haben.

Moment mal. Da kam mir eine Idee. Zora? Mann, das war doch die Lösung!

Zora, die zornige Zecke, Kämpferin für den Naturschutz, militante Umweltaktivistin und erste Gegnerin, wenn es darum ging, den Bau einer Polizeikaserne in Borsen zu verhindern. Daneben Sparbier, die größte Umweltsau im Ort und Befürworter des Kasernenbaus. Na, wenn da mal nicht was ging zwischen den beiden. Ich traute mich unter Einsatz meines Lebens, die bissige Zecke anzusprechen.

»Du, Zora. Du hast ja heute eventuell etwas schlechte Laune, aber ich habe da einen Tipp für dich, wie deine Stimmung sich wieder etwas aufhellen kann. Du kennst doch das Vereinsheim der Schützenbrüder. Die haben da so einen Partyraum im hinteren Bereich …«

Das Thema Umweltschutz in Borsen trat bei dieser Geschichte immer mehr in den Vordergrund. Ein Thema, das mich natürlich beschäftigte, da auch diesbezüglich in Deutschland vieles verboten wird. Oft aus nachvollziehbaren Gründen, wenn es tatsächlich darum geht, die Umwelt, unsere Natur und das Klima zu retten, vieles aber auch aus sehr fadenscheinigen Gründen, die die Bevölkerung nicht immer versteht.

Swantje hatte ihr Telefonat im Flur zwischenzeitlich beendet und kam zurück zu uns ins Vorzimmer. Sie berichtete in einem sehr sympathischen deutsch-niederländischen Sprachmix, dass just in diesem Moment begonnen wurde, ihre Freundinnen aus dem Polizeichor umzuquartieren. Die Umzugsvorbereitungen seien in vollem Gange, da der Bürgermeister wohl ein Einsehen gehabt habe, dass auf der sprichwörtlich verseuchten Erde des Schützenfestplatzes die provisorische Unterbringung der Polizeischülerinnen und ihrer Musikinstrumente keine Zukunft mehr hat. Das Desaster mit der Generalprobe, das immerhin erst wenige Stunden her war, hatte dafür gesorgt, dass die Mädels samt ihren Instrumenten nun von Sparbier in dessen Bauwagen abgeholt wurden, um sie zur neu gebauten Kleingartenanlage zu bringen. Das naturnahe Grundstück also, auf dem eigentlich Ökofamilien ihr persönliches Paradies zwischen Bär- und Knoblauch finden sollten. Bereits am nächsten Tag könnten sich laut Swantje die Damen-Cops in den Lauben in aller Ruhe auf die feierliche Begrüßung durch den Ministerpräsidenten in einer Woche vorbereiten und üben. Ganz ungestört und auch so fern der City, dass die lieblichen Stimmen niemanden ernsthaft beeinträchtigen würden.

Die Dinge nahmen also ihren Lauf, schoss es mir durch den Kopf. Eventuell könnte sich sogar alles zum Guten fügen, sodass Borsen mal wieder im ländlichen Friedensidyll versinken würde. Dennoch standen immer noch zwei Dinge im Raum, die mir nicht gefielen: Zum einen wollte ich Sparbier partout nicht die Genugtuung geben, dass er es war, der die Schützenbrüder vorführte und den Ballon mit dem illegalen Sondermüll platzen ließ. Zum anderen stand immer noch Zora im Raum, bei der ich mir inzwischen ernsthafte Sorgen um die dicke Ader im Schläfenbereich machte, die immer mehr anschwoll. Auch ihr grimmiges Gesicht wirkte inzwischen wie eine Mischung aus Klaus Kinski und Grumpy Cat.

Nachdem ich Zora nun erzählt hatte, was Sparbier und seine Mannschaft im Clubraum der Schießbrüder angezettelt hatten, kam sie sichtlich erregt auf mich zu. Ich trat ehrfürchtig einen halben Schritt zurück.

»Die Dreckschweine haben also tatsächlich Sondermüll unter ihr Vereinsheim gekippt? Mitten im Landschaftsschutzgebiet?«

Tessa bekam große Augen, da sie ja nach wie vor gar nichts von der unplanmäßigen Entsorgungsaktion wusste.

Ich reagierte: »Äh, Zora, wer das da genau hingeschüttet hat, das weiß ich nicht. Aber die Vögel von Borsen zwitschern das seit kurzer Zeit von den Dächern. Da läuft eine ziemliche Umweltsauerei.«

Zora verlor nicht eine Sekunde. Sie schnappte sich ihre Umhängetasche, in der ich einen Elektro-Taser, einen Schlagring, zumindest aber einen »Atomkraft? Nein danke«-Aufkleber vermutete, und machte sich auf in Richtung Schützenfestplatz.

»Kann ich Tessa mitnehmen? Ich brauche Beweisfotos, wenn wir da alles auf links drehen«, drängte sie.

Tessa war natürlich happy, und beide machten sich auf den Weg zum Vereinsheim der Schützen. Auch Swantje nutzte die Mitfahrgelegenheit, um wieder zurück zu ihren Kameradinnen zu kommen, die sich ja bereits fleißig im Umzugsstress befanden.

Gott sei Dank, dachte ich mir, dass der Mist nun direkt wieder aus der Erde verschwindet. Ich war gespannt auf die Erklärung der Schützen und beeilte mich, Tamara im Büro die Botschaft zukommen zu lassen, dass Sparbier nicht mehr aktiv werden müsse, um seine Ziele in Sachen Teerpappe zu erreichen.

Und während Frau von Schmoller mit Grottis Chef Hebemann in seinem Büro immer noch über Gott und die Asylwelt in ihrem Mehrfamilienhaus sprach, machten Grotti und ich uns auf zur Kleingartensiedlung, um den Neueinzug der Niederländerinnen journalistisch zu begleiten und danach endlich ins Wochenende zu kommen. Am nächsten Tag stand schließlich noch der Besuch im Retro-Salon meiner Eltern an, die die Klobrille und den Spülkasten sicher schon mit Luftschlangen und Girlanden verziert hatten.

Doch zunächst zurück zum Thema Umweltschutz mit all seinen Verboten, Regelungen und Einschränkungen für den Normalbürger: Generell ist Umweltschutz ja eine tolle Sache. Irgendwie wollen wir doch alle zum Umweltschutz, solange wir den Weg dahin nicht zu Fuß gehen müssen.

Wir fuhren mit Grottis Dienstwagen, immerhin ein fast neuer Elektro-Zweisitzer aus Indien, den es tatsächlich mal für 6000 Euro im Supermarktprospekt gab, zur Kleingartenanlage.

Auch ich bin ein großer Befürworter, das Thema Umwelt ernst zu nehmen. Schon aus dem Grund, weil man tagein, tagaus mit dem mulmigen Gefühl umherläuft, dass man umwelttechnisch wieder alles falsch gemacht hat. Irgendwas macht man schließlich in den Augen anderer immer falsch. Aber ist es sinnvoll, bei allen Dingen, die man tut, immer erst an die Umwelt zu denken? Ist die unbeschwerte Vorfreude auf den Urlaub nicht schöner als der Gedanke an die Emmissionen von Flugzeugbenzin? Ja, aber in diesem Buch geht es nun mal eben um die neue deutsche Korrektheit, und da steht der Umweltgedanke inzwischen gefühlt an erster Stelle. Nun gut, Umweltschutz beginnt nicht an dem Punkt, wo man sich dazu entscheidet, konsequent das Bier vom Glas zu trennen. Nein, zumal wir in Deutschland das Mülltrennen ja schon ganz gut draufhaben. Umweltschutz ist etwas komplizierter und beginnt mit Taten, die dem Umweltschutz auch tatsächlich dienen. Wie zum Beispiel dem Ausbuddeln von Teerpappe im Wasserschutzgebiet.

»Sag mal, Grotti, bist du eigentlich immer noch Vegetarier?«

Mein Nerv-Neffe schaute empört. »Ich bin derzeit Rohköstler. War mal Vegetarier, dann Veganer, dann Fruganer, vor einem Jahr Pescetarier und Flexitarier. Anschließend war bei Instagram Freeganer total angesagt, und seit Kurzem eben Rohköstler. Warum fragst du, Kai?«

»Geht da auch Mett-Imitat? Ist ja ebenfalls roh, also echtes Mett zumindest. Ach, weißte was, Grotti? Vergiss es! War nur so ein Gedanke. Irgendwie beschäftigt mich das Thema Essen nun schon seit Wochen. Ich will ja auch mal was für den Umwelt- und speziell den Tierschutz tun, aber eben auf nix verzichten. So wie viele, die das schlechte Gewissen treibt, dass irgendwas schiefläuft in Sachen Klimaschutz. Schon wenn der Wecker morgens klingelt, hat man doch ein schlechtes Gewissen, zu viel Strom verbraucht zu haben. Und das hält den ganzen Tag über an. Egal, was man macht, man denkt immer an die Umwelt und wie viel CO_2 dies und das wieder produziert haben könnte. Zum Beispiel das Thema Trinkwasser. Jeder Naturschützer macht uns klar, dass es umweltbewusster ist, Leitungswasser zu trinken. Leitungswasser hat in Deutschland zumeist Trinkwasserqualität und kostet rund 4 Euro pro 1000 Liter. Wenn ich mir die gleiche Menge in 1,5 Liter-Flaschen hole, kostet es mindestens 130 Euro, und ich habe über 660 PET-Flaschen zu Hause, die ja auch mit viel Ressourceneinsatz produziert und transportiert werden müssen, bis sie bei mir neben der Fernbedienung stehen. Eigentlich ist es dann doch klar, dass wir auf die Plastikpullen verzichten sollten. Tun wir aber meist wegen des unterschiedlichen Geschmacks nicht und weil es nicht verboten ist, Wasser in Plastikpullen zu kaufen.«

Ich schaltete mein Handy an, um Grotti den Weg zur Kleingartensiedlung zu suchen, der auch mir nicht geläufig war. Man hatte die Anlage nämlich sehr gekonnt direkt neben die Zementabfüllanlage von Sparbier gebaut, wohin ich mich bisher aber eher selten verirrt habe. Ich kaufe meinen Zement meist im Abo und lasse ihn mir klimaneutral von HelloBeton nach Hause liefern. Aber das ist eine andere Geschichte.

»Grotti, es geht mir beim Umweltschutz gar nicht in erster Linie um militante oder nachgiebige Vegetarier, sondern um Nachhaltigkeit. Da quält mich mein schlechtes Gewissen am meisten. Da würde ich gern mal ansetzen. Irgendwie habe ich aber das Gefühl, dass die produzierende Industrie mir gar keine Chance lässt. Alles redet derzeit über Plastikmüll und dessen Vermeidung, sodass ab sofort nur noch Strohhalme aus Pappe und nicht mehr aus Plastik hergestellt werden. Der Zwanzigerpack wird dann in einen Folienbeutel eingeschweißt oder in Plastikblister verpackt in den Kassenbereich gehängt. Ergibt das einen Sinn in Bezug auf die Vermeidung von Plastikmüll? Nein! Hinzu kommt, dass viele Pappstrohhalme sich nach zwei Minuten im Cocktailglas auflösen oder sich an den Lippen wie Mett-Imitat anfühlen, was nicht nur für eine feine Geschmacksnote im Tequila Sunrise sorgt, sondern auch der Grund ist, dass ich nach jedem Serienmarathon neue Strohhalme im Laden kaufen muss, inklusive Plastikblister.

Früher habe ich die Dinger auch gern mal gespült und wiederverwendet. Das war mein Ansatz zur Müllvermeidung. Vorschlag eins wäre also: Man bietet beide Sorten Strohhalme, aus Pappe und Kunststoff, an und macht die Pappdinger wesentlich günstiger beziehungsweise verpackt sie besser. Und Vorschlag zwei: Wir trinken einfach mal wieder oldschool. So mit Glas zum Mund führen. In Sachen Cocktail gibt es alternativ auch die Lösung mit Metalltrinkhalm.

Mir geht es zudem tierisch auf den Nerv, dass unsere Industrie uns auf der einen Seite immer mehr vorschreibt, was wir in Sachen Nachhaltigkeit konsumieren sollen, die Firmen aber andererseits Produkte mit schlechteren Qualitätsstandards als früher herstellen. Die Produkte halten meist ein bisschen länger als zwei Jahre, damit sie aus der Garantie heraus sind und wir uns schnellstmöglich was Neues kaufen. Obsoleszenz nennt man das. Also das Herstellen eines Produktes in der Absicht, dass es nach kurzer Zeit wieder kaputtgeht. Hier könnten die Brüssel-Buddies mal ansetzen und die Produzenten in die Pflicht nehmen, Produkte herzustellen, die a: länger halten, weil hochwertigere Komponenten verbaut werden, die b: reparabel sind und nicht direkt weggeschmissen werden müssen, nur weil an der Kaffeemaschine eine Gummidichtung kaputt ist, und die c: dafür sorgen, dass wir nicht unkontrolliert mit China-Müll zugeschüttet werden, der ohnehin meist nichts taugt.«

Grotti wurde immer stiller.

»Jetzt klingste aber ganz schön sauer, Onkelchen.«

»Ja, bin ich auch. Wenn Omma Guste früher einen Stabmixer gekauft hat, dann wurde der über Generationen weitervererbt. Der wurde extrem beansprucht, wurde repariert, wurde danach weiter benutzt, aber nie weggeschmissen. Der kam eher ins Deutsche Museum nach München als in eine Tonne für Elektroschrott. Heutzutage kaufen wir bei irgendwelchen Retourenprofis Technikmüll, an dem nie ein Ingenieur sein Fachwissen ausgelassen hat, und wundern uns noch, dass die Waschmaschine für 59 Euro nach drei Wochen nicht mehr schleudert.«

Ich befand mich auch gerade im Schleudergang und war froh, Grotti neben mir sitzen zu haben, der so was ganz gut erträgt und stillschweigend abnickt, auch wenn er noch nie in seinem Leben eine Waschmaschine bedient hat.

»Da fängt Nachhaltigkeit und Umweltschutz an, Grotti. Und nicht beim Verbieten von Produkten, für die es noch gar keine adäquaten Ersatzprodukte gibt.

Ich werde ohnehin seit einiger Zeit das Gefühl nicht los, dass in Sachen Produktqualität in Deutschland vieles schlechter und gleichzeitig teurer geworden ist. Zudem mangelt es bei vielen Produkten, nicht nur bei einem Ersatz für simple Trinkhalme, an Innovation. Als Klara mit mir in den achtziger Jahren in ein Bekleidungsgeschäft gerannt ist, um dem Frierpitter Kai einen Pullover zu kaufen, da gab es dort noch etwas, das man heute mit der Lupe im Einzelhandel suchen muss und bisweilen nur noch im Internet bestellen kann. Du wirst es nur von den Kamelen her kennen, Grotti. Ein Kleidungsstück aus Wolle! Aus reiner Wolle, so wie Omma es als Pullover auch gern gestrickt hat. Kratzte wie Sau, war aber warm. Ein, na ja, halbwegs modisches Kleidungsstück, das nicht zu teuer war, natürlich aus der Sicht eines Kindes total uncool aussah, aber Qualität versprach, die auch mal eine Schulhofklopperei aushielt.

Abgelöst wurde das Thema dann irgendwann von der beliebten Baumwolle, die nicht selten einen Anteil von hundert Prozent ausmachte, auch qualitativ in Ordnung war, aber schon etwas schlechter, was das Warmhalten anging. Erfroren sind wir Kinder allerdings nicht. So eine Schulhofklopperei hält ja schließlich auch warm. Gehe ich allerdings heute in ein Bekleidungsgeschäft, dann traue ich mich gar nicht mehr zu fragen, ob es dort überhaupt Pullover aus Wolle gibt. Vor allem welche unter dreihundert Euro.

Auch die Baumwollkleidung steht anscheinend kurz vor dem Aus. Das Einzige, was mir wöchentlich in neuen Kollektionen offeriert wird, sind Pullover aus Polyester und Acryl – Kunstfaseranteil mindestens sechzig Prozent. Und so was wird einem dann auch noch unverschämt als Funktionskleidung angeboten, in der man angeblich weniger schwitzt. Warum es der deutsche Textilmarkt nicht schafft, in einem Geschäft Pullover aus Wolle, Baumwolle und Polyester zu vereinen, um für alle Geldbeutel und Frostgrade was Passendes bereitzuhalten, erschließt sich mir nicht. Die Stoffqualität von Kleidungsstücken ist sicher nur ein Beispiel, aber qualitative Ware scheint immer mehr aus den Regalen des Einzelhandels zu verschwinden. Quasi ein indirektes Verbot, bei einem Stadtbummel Auswahl an Qualität zu haben. Auch hier scheint inzwischen alles gleich gepolt zu sein, sodass es immer mehr Menschen ins Internet zieht, die dann dort alles in drei Größen kaufen, was es noch an hochwertigen Waren gibt. Meist zu sportlichen Preisen, um danach mindestens zwei falsch bestellte Größen wieder zu retournieren. Auch das ist alles andere als nachhaltig. Einzelhandel ade!«

Ich redete mich immer weiter in Rage: »Faszinierend ist auch, dass es in Deutschland in Bezug auf die ganze Klimadebatte nur noch einen Buchstaben gibt. Und zwar das E. Alles ist in Deutschland derzeit E oder +. Dass wir viel zu viel über Freundschaft+, 2G+, RTL+ und Gott+ reden, ist aber ein anderes Thema. Das E ist derzeit viel spannender als das Pluszeichen. Alles wird derzeit E-lektrifiziert. Egal, ob wir diese Dinge haben wollen oder nicht. E-Bikes, E-Scooter, E-Zigarette, E-Fuels, E-hefrau. Uns wird immer mehr eine technische Variante aufgezwungen, die viele als noch gar nicht ausgereift ansehen. Zugegeben, die Industrie arbeitet mit Hochdruck daran, die Energiewende irgendwie über die Bühne zu bekommen, aber wenn ich mir ansehe, wie in vielen Fällen immer noch die Rohstoffe gewonnen werden, um eine Batterie für ein E-Auto zu bauen, dann frage ich mich, was daran nachhaltig sein soll.

Ein Benziner, der seinen Job noch ganz gut macht und halbwegs umweltfreundliche Abgaswerte hat, ist in jedem Fall umweltfreundlicher als ein E-Auto, für dessen Produktion viel mehr CO_2 in die Luft geblasen wird, als mein alter Benziner es bis zu seinem natürlichen Ende schaffen wird. Insofern ist es doch erst dann sinnvoll, die Verbrenner zu verteufeln, wenn sie am Ende ihrer Laufzeit angekommen sind. Ein Prozess, der vielen Politikern allerdings viel zu langsam vonstattengeht, da man das Klima ja jetzt, also am besten heute retten will und nicht erst, wenn der letzte Benziner den Geist aufgegeben hat. Die Regierung wird es merken, wenn sie erkennt, dass es bei E-Autos keine Mineralölsteuer mehr zu verdienen gibt. Also sollte man vielleicht auch an diesem Punkt mehr ›sowohl als auch‹ walten lassen und nicht nur den eingeschlagenen E-Weg für die goldene Lösung halten. Für die Regierung scheint aber auch der Holzweg ein klimafreundlicher Boden zu sein.«

Doch welche Restriktionen gibt es in unserem täglichen Umfeld sonst noch? An welchen Stellen wird uns bereits jetzt das eben erwähnte schlechte Gewissen implantiert und mit Verboten versucht, uns den Umweltschutz schmackhafter und den gewohnten Alltag madiger zu machen?

»Kommen wir mal zum Thema Silvester, Grotti. Ein Tag, bei dem selbst du ja gern ausgelassen eine Flasche Mineralwasser aufmachst und ausgelassen mit deiner Schwester tanzt.«

Grotti zog sich seinen Anschnallgurt korrekt in die Kragenfalte seines Hemdes.

»Ich kann gut mit Frauen, denk dran. Was hat Silvester mit Umweltschutz zu tun?«

»Na, Grotti, schau doch mal. Die Regierung hat 2018 das beliebte Bleigießen verboten, da es angeblich eine Gesundheitsgefahr darstelle. Blei sei nun mal für den Körper schädlich und könne Vergiftungen herbeiführen. Glyphosat hingegen, den Unkrautvernichter, hat Brüssel zum selben Zeitpunkt für weitere fünf Jahre als Pestizid genehmigt. Es darf also weiterhin auf dem guten Borsener Boden verteilt werden. Und wenn das Bleigießen beendet war, dann ging man früher vor die Tür, um das Feuerwerk abzubrennen ...«

Grotti war nun endlich im Thema. »Absolutes No-Go. Viel zu viel Feinstaub.«

»Genau!«, erwiderte ich. »Daher wird schon seit Jahren darüber diskutiert, ob man Feuerwerke nun generell verbieten oder sie so reglementieren solle, dass man sie an bestimmten Orten koordiniert zündet. Also zum Beispiel bei uns im Ortskern, zu dem dann an Silvester alle Besoffenen kurz vor zwölf mit dem alten stinkenden Diesel hinfahren, um es zu bestaunen ...«

Da wir nur noch gut einen Kilometer von der Gartensiedlung entfernt waren, holte ich Tessas Ersatzkamera aus meiner Tasche. Weil sie uns nicht begleiten konnte, musste ich diesmal gezwungenermaßen selbst den Auslöser drücken, wenn es um den schönen Anblick von niederländischen Musikerinnen ging, die in eine spießige, von einer Kleingartenordnung dominierte Laubenkolonie einzogen.

»Weißt du, Grotti, das Problem, welches sich häufig in Sachen Naturschutz ergibt, ist die Tatsache, dass er auch teuer werden kann und sich nicht selten selbst im Wege steht. Es gibt da eine sehr schöne Geschichte aus Neubrandenburg.

Dort gibt es die sogenannte Fischerinsel, ein unbewohntes kleines Eiland, das unter Naturschutz steht. Auf dieser Insel wiederum steht ein altes Haus, das ebenfalls einem Schutz, nämlich dem Denkmalschutz, unterliegt. Das Haus darf also nicht abgerissen werden, da der Denkmalschutz es verbietet. Eine Nutzung ist aber ebenfalls ausgeschlossen, da die Insel dem Naturschutz unterliegt und da wahrscheinlich ohnehin kein Schwein wohnen möchte. Nun kommt hinzu, dass das Gebäude dem Verfall preisgegeben und auch kein Dachstuhl mehr vorhanden ist. Die Stadt muss als Eigentümerin daher knapp 100.000 Euro in einen neuen Dachstuhl investieren, damit das Gebäude nicht verfällt, der Denkmalschutz also erfüllt werden kann. Wohnen darf dort aber weiterhin niemand, weil der Naturschutz selbstverständlich über allem steht. Ist das nicht eine tolle Sache, wie man neben deinem Amt für neue deutsche Korrektheit auch an anderen Stellen Steuergelder verschwenden kann?

Na ja, Umwelt- und Naturschutz hin oder her. Wir alle sind uns doch bis auf den wasserstoffblonden Fozzie Bär aus Trumpland einig, dass der Klimawandel real ist und wir irgendwas machen müssen. Ob wir uns als Deutschland aber ganz allein oder als Vorreiter aufmachen sollten, das Weltklima zu retten, sehe ich skeptisch. Unseren möglichen kleinen Beitrag sollten wir daran aber schon leisten.

Die hiesige Filmwirtschaft geht aktuell mit recht gutem Beispiel voran und schaut, dass die Produktion einer Serie oder eines Spielfilmes nun klimaneutraler vonstattengeht als noch vor einigen Jahren. Green Shooting nennt sich der Vorstoß, und er beinhaltet zum Beispiel, dass man weniger Einwegmüll benutzt, Schauspieler geringere Strecken mit dem Auto zurücklegen, um zum Set zu gelangen, und sogar Drehbücher klimafreundlicher gedruckt werden sollen. Das Weltklima werden wir auch damit nicht retten, aber immerhin ist für alle sichtbar, dass dort was passiert. Warum nicht? Batman wird sein Batmobil also als Re-Import in den Kongo verschiffen und zukünftig mit dem Lastenfahrrad den Joker ziehen. Für die Fortsetzung von *Easy Rider* sucht die Produktionsfirma aktuell noch alte Bonanzaräder mit Fuchsschwanz. Und für eine weitere Realverfilmung von *Asterix* gibt es nun in der Schlussszene Wildschweinbraten – aus Mett-Imitat.«

Grotti schaute mich fragend an: »Was sind denn Bonanzaräder?«

Wir erreichten nun die klimaneutral gebaute Kleingartenanlage direkt neben dem Betonwerk. Die Parade an Bauwagen aus dem Sparbier'schen Fahrzeugpark erinnerte ein wenig klischeehaft an eine holländische Wohnwagenkolonne. Doch den platten Gag verkniff ich mir, während ich die Kamera startklar machte und das kleine Gartentörchen öffnete, das uns Zugang in das Herz des deutschen Spießertums gewährte – eine Kleingartenkolonie am Rande von Borsen.

Kapitel 12

Vom Düngen mit Eigensaft, der Krawatte mit Eigelbfleck und einer Tuba mit Hagelschaden

Es herrschte große Betriebsamkeit auf den schmalen Gemeinschaftswegen zwischen den einzelnen Gartengrundstücken. Die Holland-Cops schleppten ihre Habseligkeiten und zahlreiche Instrumentenkoffer eifrig an uns vorbei. Eine junge Anwärterin drückte Grotti und mir mit einem mir nicht verständlichen holländischen Satz einen riesigen Tubakoffer in die Hand, der zugegebenermaßen für die eher kleine Frau nur schwer zu stemmen war. Polizistin hin oder her. Das Ding wog Tonnen. Wir halfen gern und schleppten das Ungetüm durch die Siedlung.

Die Lauben waren wirklich schön geworden. Irgendwie war dieses ganze Neubauprojekt komplett an mir vorbeigegangen. Man konnte aber nicht sagen, dass es nicht idyllisch war, hier, in unmittelbarer Sichtweite zur Betonabfüllanlage, ein Stück Grün für sich zu haben. Da die kleinen Häuschen noch nicht zur Verpachtung standen, war die Übergangslösung, die niederländischen Polizeischülerinnen vor Ort unterzubringen, sicher keine schlechte gewesen. Hätte Sparbier das nicht mit Hintergedanken angeboten, man hätte ihm fast ein ehrenhaftes Verhalten attestieren können.

Kleingartenanlagen in Deutschland sind meiner Meinung nach die Schaltzentralen der deutschen Korrektheit, der Verbote, Regelungen und Bevormundungen. Und weil diese Orte so sehr durchreglementiert sind, gibt es in Deutschland natürlich auch das 22 Paragrafen umfassende Bundeskleingartengesetz. Es regelt juristisch, wie es sich auf einem Stück Grün erholen lässt. Noch interessanter sind aber die einzelnen Kleingartenverordnungen, die gedruckt häufig dicker sind als das Telefonbuch von Mumbai.

Entscheidend in so einer Kleingartenanlage ist, und das hatte man den niederländischen Neuankömmlingen sicher noch nicht mitgeteilt, dass man hier verpflichtet ist, alles schön deutsch aufgeräumt und gepflegt aussehen zu lassen. Also nicht wie bei Hempels in der Laube. Bevor man sich also auf die grüne Wiese legt, hat man sie zu mähen. Und pflegt man seine Parzelle nicht, so verfügt eine gute Kleingartenanlage über zahlreiche kostenlose Staatssicherheitsmitarbeiter, die entsprechende Vorfälle melden. Man nennt sie »IM Nachbar« und erkennt sie an den alten Feldstechern in der Hand, mit denen sie, in der Hollywoodschaukel sitzend, kontrollieren, ob die Armee der Gartenzwerge auch gen Mekka schaut.

Nur gut, dass auch die »Nationale Politie«, also die niederländische Polizei, mit Ferngläsern ausgestattet ist und ab sofort ganz unter sich, ohne Zwist und ohne Nachbarn, hier ihr eigenes Hollywood veranstalten konnte. Also *fast* ohne Zwist, wie wir bemerkten, als wir an der Verwaltung der Siedlung ankamen, einer Art zentraler Bürobude ähnlich wie auf einem Campingplatz. Neben Lastenfahrrädern, inklusive E-Ladestation, und den zahlreichen bereits installierten Verbotsschildern, was man in dieser Kleingartenanlage alles nicht darf, standen Franz Sparbier, der selbst ernannte Baukönig von Borsen, und unser Bürgermeister.

»Ach, hallo, Herr Twilfer! Schön, dass Sie kommen. Herr Bartolomeo versucht gerade, meine paradiesische Wohnwelt zum Basar zu machen. Das wäre doch sicher mal einen Aufmacher im *Rundwurf* wert.«

Wie so oft in dieser Satire verstand ich nur Bahnhof und kontrollierte die Batterien an Tessas Fotokameraleihgabe. Dennoch begrüßte ich die beiden Borsener Unruhestifter freundlich.

»Hallo, Herr Bartolomeo. Sie haben da übrigens einen Eigelbfleck auf Ihrer Krawatte.«

Bartolomeo, der immer noch das inzwischen verschmierte Make-up von der Generalprobe im Gesicht trug, schob sich peinlich berührt seine Krawatte unter das Jackett.

»Herr Twilfer, der gutmütige Franz Sparbier verlangt doch tatsächlich Mieteinnahmen für die vorübergehende Unterbringung der Damen in diesen Etablissements. Das war bis zum Umzug heute Nachmittag aber kein Thema. Wir als Stadt Borsen finden das sehr respektlos im Hinblick auf die Tatsache, dass wir was zur Völkerverständigung tun wollen und …«

Sparbier brüllte dazwischen.

»Den Landesverdienstorden willst du dir an dein Ei auf der Krawatte hängen. Und nix anderes! Hast du im Ernst gedacht, ich quartier die Tulpenzwiebeln hier in einer nagelneuen Baumaßnahme ein für umme?«

Grotti stellte nun endlich den schweren Instrumentenkoffer ab und gab zu bedenken: »Herr Sparbier, ›Tulpenzwiebeln‹ ist aber politisch nicht ganz korrekt.«

Ich schaute auf eines der gefühlt hundert Verbotsschilder. »Das Anpflanzen von Pflanzen vor der Pflanzzeit ist verboten.« Galt wohl auch für Tulpenzwiebeln, war ich mir sicher.

Sparbier ließ nicht locker.

»Zweitausend Euro pro Woche und pro Kleingarten. Ansonsten wird der Ministerpräsident nächste Woche mal darüber in Kenntnis gesetzt, dass die Weiber umgesiedelt wurden, ohne vorher eine europaweite Ausschreibung zu machen. Außerdem hätte ich gern irgendwann meine Wohncontainer zurück auf dem Hof. Gestern rief mich ein Mitarbeiter an, dass der erste Container inzwischen am Ijsselmeer gesichtet wurde.«

Die holländische Polizistin wollte nun den Tubakoffer abholen.

»Sage Sie, junge Mann, warum wurde denn in die Häusers keine Toilette gebaut? Is Toilette in Deutsland nicht inzwische Standard? In de Nederlande habe wir so was schon in die Häusers mit drin. Mit die fließende Wasser.«

Sparbier wurde plötzlich ganz still, während unser Bürgermeister Morgenluft witterte.

»Wie bitte, Sparbier? Sie haben in den Buden nicht mal Klos installiert?«

Grotti schoss dazwischen.

»Also, das hätte dann aber gar nicht abgenommen werden dürfen. Ich kenne mich mit dem Thema Toilettengesetze sehr gut aus, denn ...«

Ich hielt Grotti die Kameratasche vor den Mund.

»Jaja, Grotti. Das ist doch jetzt nicht unsere Aufgabe hier.«

Bartolomeo platzte der Kragen. »Sie wollen Pacht für Lauben ohne Lokus, Sparbier?«

Sparbier suchte nach Argumenten.

»Nun, äh, ich dachte, das wird eine Anlage für so Ökofreaks. Die düngen doch alles mit Eigensaft. Da muss man doch nicht extra so viel Fördergeld für Keramik ausgeben.«

Mir schien, das Thema Mietzahlungen zur Unterbringung der Polizistinnen war vom Tisch, als plötzlich mein Handy klingelte. Es war Tessa. Ich ging ran. Mein Smartphone stand allerdings auf Lautsprecher.

»Tessa, was los? Seid ihr schon fertig mit der zornigen Zecke in Müllhausen?«

Tessa war total aufgelöst.

»Kai, haut da sofort ab! Ihr seid in großer Gefahr. Du hattest recht. Wir haben hier doch tatsächlich Unmengen an Sondermüll unter dem Vereinsheim gefunden. Zoras Stirn hat vor Wut mehr Falten als Bettdecken in Softpornos. Die steht hier kurz vor dem Explodieren.«

Ich konnte noch nicht ganz folgen.

»Und warum sind wir dann hier in Gefahr?«

Man hörte an Tessas Keuchen förmlich, dass sie zu ihrem verrauchten Twingo rannte.

»Der Dorp, der Nazi für Anfänger, hat Rosario sein Jagdgewehr in die Nasenlöcher geschoben, bis der gestanden hat, dass Sparbier den Scheiß verbuddeln ließ ...«

Bartolomeo und Sparbier standen sprachlos neben uns. Grotti war zum Glück mal wieder in einen Flirt mit einer jungen Holländerin versunken, derart abgelenkt und hob gerade die schwere Tuba aus dem Koffer, um mal Probe zu blasen.

»Guck mal, Kai. Ich kann gut mit den Frauen hier, oder?«

Er amüsierte sich prächtig, während Tessa weitermachte.

»Der Dorp hat sich sofort in seinen Kübelwagen gesetzt und sich auf den Weg zu euch gemacht. Verschwindet da! Der dreht durch.«

Ich stieg mit einem Bein über den Tubakoffer, um nun etwas dezenter mit ein bisschen Abstand, und vor allem ohne den Lautsprecher an meinem Handy, Tessa zu antworten – als ein Schuss durch die Siedlung hallte.

Alle erschraken. Wir kamen uns vor wie in einem schlechten Western. *Der Pate in Dawson City* oder so ähnlich. Dorp kam mit Flinte auf uns zu und schoss wahllos durch die Gegend. Ich rief nur noch laut: »Runter!«, als bereits der nächste Schuss durch die Anlage pfiff. Die Polizistinnen schmissen sich gekonnt hinter die Hecken und zückten sofort ihre Dienstwaffen. Grotti warf sich mit der Tuba auf die Musikerin, und ich schubste Bartolomeo und Sparbier in ein Beet mit Tulpen.

Der nächste Schuss ertönte, traf die Tuba, die Grotti schützend vor die junge Frau hielt, und prallte an unserem Bürgermeister ab, der einen Streifschuss am Bein erlitt. Dann noch ein Schuss, der blechern von einem Verbotsschild abflog, auf dem »Ruhezeiten beachten!« stand.

Dann erkannte ich mit halben Gesicht im Mutterboden und Bartolomeo im Arm, wie die Polizistinnen in den Trainingsmodus kamen, sich Tilmann Dorp schnappten und ihn ebenfalls zu Boden bringen konnten.

Tessa, Zora und Swantje trafen kurze Zeit später ein, unmittelbar, nachdem auch zwei Streifenwagen mit deutschen Polizisten über eine frisch gemähte Wiese zu uns hin bretterten. Das Verbotsschild »Rasenfläche nicht betreten!« wurde also respektiert, da die Einsatzkräfte ja mit dem Auto unterwegs waren.

Wir holten alle tief Luft und rappelten uns langsam wieder auf. So etwas war mir in der Großstadt nie passiert, dachte ich mir noch im Hinblick auf das vermeintlich friedliche Landleben.

Tilmann Dorp lag inzwischen entwaffnet und fixiert auf dem Bauch und schrie: »Sparbier, du Schwein! Und so einem habe ich heute noch applaudiert.«

Tessa kam auf mich zu. »Kai, hast du Bilder gemacht? Du hast mir beim Sturz aber nicht die Linse verschmiert, oder?«

»Danke, Tessa. Mir geht es gut«, konterte ich etwas erleichtert. Ich war doch eigentlich aufs Land gezogen, um endlich mal Ruhe zu finden.

Grotti lag immer noch mit der angeschossenen Tuba auf der jungen Frau, als Swantje den beiden hochhalf.

»Du bis eine ganz schöne Blähboy, Grotti. Mussu dich immer auf alle Mädels schmeiße, wenn du die Welt rette tust?«

Bartolomeo rieb immer noch an seinem Eigelbfleck herum, während sich seine Hosenbeine blutrot färbten. Sein taubenblauer Anzug sah durch den Hechtsprung ins Tulpenbeet inzwischen aus wie Grottis Kamelhaarmantel.

Die Tubistin hatte sich beim Sturz den Arm gebrochen. Ob durch die schwere Tuba oder durch Grottis heldenhaftes Ungeschick, konnte weder von der niederländischen noch von der deutschen Polizei ermittelt werden. Man war nach der Festnahme Dorps zu sehr mit der Befragung Sparbiers beschäftigt, was es denn mit dem Sondermüll in den heiligen Hallen des Schützenvereins auf sich habe.

Eine junge Polizistin in deutscher Dienstuniform kam auf uns zu. Sie hatte einen Block in der Hand und schaute uns mit strengem Blick an: »Eine abschließende Frage habe ich noch, meine Herren der Schöpfung. Wo finde ich denn hier mal eine Damentoilette?«

Kapitel 13

Von verzauberten Klingelschildern, professionellen Blumengießern und der deutschen Vollkaskogesellschaft

Am Ende ist es also genau so gekommen, wie ich es zu Beginn der Geschichte vermutet hatte. Eine politische Entscheidung, sei es auf lokaler oder auf Bundesebene, produziert in der heutigen Zeit nicht selten wenige Gewinner und viele Verlierer. Alle wollen halt mitmischen, wenn es darum geht, seine eigenen Vorteile aus einem politischen Beschluss zu ziehen. In diesem Fall waren die Hauptdarsteller unser Bürgermeister Gustav Bartolomeo, sein Kettenhund Dr. Schredder, der Baumogul Franz Sparbier sowie der Schützenverein der Ekal-Brüder 1904, die in der Entscheidung, eine Ausbildungskaserne für niederländische Polizistinnen bauen zu wollen, einen Frontalangriff auf ihr gewohntes Umfeld sahen. Gewonnen hat am Ende keiner der Protagonisten.

Dabei schicken die Akteure des politischen Betriebes sich tagtäglich an, uns weiszumachen, dass alles, was sie unternehmen, entscheiden und mit den Instrumenten der oft total überreglementierten Bürokratie umsetzen, nur zu unserem Besten sei. Sei es in der Stadt oder auf dem Land. Dass dabei aber, insbesondere auf der grünen Wiese, wo man sich sehr nahesteht und jeder jeden kennt, immer auch persönliche Interessen eine wichtige Rolle spielen, verschweigen Entscheidungsträger und auch Innen gern.

Solange das Ganze so zum Schießen ist wie in dieser bescheidenen Geschichte, ist aus meiner Sicht alles in Ordnung, da wir uns als Bürger ja bereits daran gewöhnt haben, dass nicht immer alles so läuft, wie es der gesunde Menschenverstand eigentlich erwarten würde. Kommen aber Bürokratie und Verbote ins Spiel, die für viele nicht mehr nachvollziehbar sind, so wird die Verboteritis zumindest auf Bundesebene nervig, und viele beginnen, sich entweder mit fragwürdigen Aufmärschen und Hass im Netz dagegen zur Wehr zu setzen, oder erdulden sie widerwillig. Man sollte aber die Politik auch nicht grundsätzlich als Spaßverderber sehen, da sie es sich bei vielen Dingen, die eigentlich verboten gehören, nicht einfach macht. Sie versucht es ja in der Regel behutsam, möglichst so, dass es keinen stört und sich niemand diskriminiert, eingeschränkt oder beleidigt fühlt. Und das ist nicht möglich, da es immer jemanden gibt, der sich benachteiligt fühlt. Man kann es nun mal nicht jedem recht machen.

Die Grünen beispielsweise werden gern als Musterexemplar der Verbotsparteien in den Vordergrund gerückt, wenn sie mal wieder versuchen, den Leuten einen Veggieday oder ein Tempolimit aufs Auge zu drücken. Vor allem die Wortwahl und das Selbstverständnis sind dabei nicht immer zielführend. Auch wenn die Partei sich ernsthaft um eine aus ihrer Sicht bessere Welt bemüht, manche Vorschläge kommen einfach nicht gut an. Wer zum Beispiel öffentlich darüber nachdenkt, eine Anlaufstelle einzurichten, bei der man Steuersünder anonym melden kann oder Menschen, die beim Rasenmähen keine Atemschutzmaske tragen, muss sich schon fragen lassen, bis zu welchem Punkt sich die Politik in das Privatleben der Menschen in diesem Land einmischen sollte und an welcher Stelle besser nicht.

Das Rauchverbot in Kneipen war beispielsweise so ein Knackpunkt, an dem unser Staat sich bemüht hat, den Gesundheitsschutz der Bürger in Paragrafen zu gießen. Ich persönlich empfinde das immer noch als überflüssig. Natürlich muss die Gesundheit aller Menschen in diesem schönen Land geschützt werden, aber warum setzt man nicht etwas mehr auf

Eigenverantwortung? Warum gibt es nicht reine Raucher- und reine Nichtraucherkneipen, in denen der Inhaber ganz allein entscheidet, ob man ausschließlich rauchen oder nicht rauchen darf? Ganz ohne staatliche Verbote. Warum kann nicht der mündige Bürger selbst entscheiden, ob er sich samstagabends das passive Rauchen von Teer und anderen Giftstoffen antut oder nicht? Alkohol ist ja interessanterweise in den bis dato gemütlichen Eckkneipen auch nie verboten worden, obwohl am Alkoholkonsum im Jahr 2020 ebenfalls 72.000 Menschen gestorben sind. Den Fantasäufer an der Theke stört es eben nicht, wenn der Gegenüber sich die Ouzos hinter die Binde kippt. Passiv rauchen geht, passiv saufen nicht.

Unser Staat ist sehr fürsorglich, wenn es darum geht, es jedem Menschen recht zu machen. Sei es durch unser grandioses Gesundheits- und Sozialsystem, das in dieser Form nicht viele Länder weltweit haben, oder durch die Tatsache, dass man sich privat gegen jeden Furz, wie zum Beispiel Meteoriteneinschlag, versichern lassen kann. Und das ist noch nicht das Ende der Fahnenstange. Möglich ist in Deutschland etwa auch, sich als Mann gegen Ohnmacht im Kreißsaal versichern zu lassen. Man kann von der Versicherung auch eine fixe Summe erhalten, wenn man mal im Aufzug stecken bleibt. Rein statistisch gesehen passiert das nämlich jedem Bundesbürger alle 102 Jahre mal. Deutschland liebt es also gern Vollkasko, und so sind die Rufe natürlich laut, dass man alles Mögliche auch so reglementieren müsse, dass es bloß niemanden ernsthaft in seiner Freiheit einschränkt, ihn aber gegen alle Gefahren des Alltags schützt. Aber genau dieses Denken schränkt uns unglaublich in unserer Freiheit ein. Je mehr wir uns davor schützen wollen, dass uns nichts passiert, um ausgiebig leben zu können, desto weniger leben wir tatsächlich. *German Angst* ist ein stehender Begriff, der weltweit bekannt ist und der oft nur für ein hämisches Lächeln im Ausland sorgt, wenn es darum geht zu ergründen, warum wir in diesem Land eigentlich so viel verbieten und regeln müssen. Literatur zu Steuern und Abgaben ist weltweit am häufigsten in der Sprache Deutsch zu finden. Nirgends sonst wird das Thema Steuern komplizierter und umfangreicher geregelt als in der deutschen Gesetzgebung. Bürokratie also, so weit das Auge blickt.

Ein weiteres typisch deutsches Thema ist der Datenschutz, der in Deutschland anscheinend wichtiger genommen wird als der Schutz des persönlichen Lebens. Die Datenschutzverordnung von 2018 sieht nämlich unter anderem vor, dass ein Patient in jedem Fall seine Zustimmung geben muss, wenn sensible Daten in Bezug auf seine gesundheitliche Verfassung weitergegeben werden sollen. Sie kennen das vom Arzt. Er braucht Ihre Zustimmung, wenn er Daten an einen anderen Arzt weitergeben muss oder will. So weit, so gut und zielführend, da es ja immerhin auch um Informationen zu Impotenz und Inkontinenz gehen kann. Muss ja nicht jeder wissen.

Skurril wird es aber in Bezug auf die Unfallchirurgen, die jetzt Alarm geschlagen haben. Für sie ist es nämlich nicht möglich, bei Unfallopfern, die nicht ansprechbar auf der Trage des Rettungswagens liegen, aktuelle Gesundheitsdaten an das Krankenhaus weiterzugeben, in das der Patient als Notfall eingeliefert werden soll. Man könnte in diesem Fall frühzeitig wichtige Informationen an die Notfallambulanz weitergeben, den Operationssaal entsprechend rechtzeitig vorbereiten und sich anhand der Daten darauf einstellen, mit welchen Symptomen der Patient, der ja nicht gefragt werden kann, eingeliefert wird. Der Datenschutz verhindert das aber und stellt sich somit vor den Schutz des Lebens und der Gesundheit.

Der Datenschutz ist auch eines der Steckenpferde der EU-Missionare aus Brüssel und wird dort gern mal als neue Verordnung auf den Weg gebracht. Im folgenden Fall zum Glück nur als Empfehlung, die wohl nicht weiterverfolgt wurde: Die Frau- und Herrschaften dort machen sich ja gern Gedanken über Dinge und Verbote, die nun wirklich niemand mehr für ernst nehmen kann. So hieß es, man beabsichtige, angeblich aus Gründen des Datenschutzes, Klingelschilder mit den Namen der Bewohner in Mehrfamilienhäusern durch Nummern auszutauschen, damit die Mieter nicht für jeden erkenntlich sind und ihren Nachnamen schützen können. Sollte diese bescheuerte Idee tatsächlich in die Tat umgesetzt werden, so freue ich mich schon auf die Stellenanzeigen der Deutschen Post, die dann Zusteller (m/w/d) sucht, die zusammen mit den Ehrlich Brothers erzaubern, wer denn wohl in welcher Wohnung wohnt und welche Post zugestellt bekommt.

Den umgekehrten Weg gibt es in Deutschland in Sachen Datenschutz aber auch. Das Polizeigesetz aus dem Jahr 2013 verpflichtet die Beamten, Namensschilder an ihren Uniformen zu tragen, um sich dadurch kenntlich zu machen. Wie es bei Polizisten in den Niederlanden aussieht, kann ich leider nicht sagen. Nur bundesdeutsche Einsatzkräfte, die in einer Hundertschaft, also in Gruppen agieren, dürfen stattdessen eine Kennziffer an der Uniform tragen. Das heißt also, dass vielen Vollhonks die Chance gegeben wird, den Polizisten, den sie angreifen, auch vorher korrekt anzusprechen.

»So, Herr Schmidt, und nun gibt's was auf die Fresse!«

Im Falle einer Hooligan-Randale, bei der häufig mehrere Einsatzkräfte vonnöten sind, läuft das Ganze dann eher numerisch ab wie bei den Panzerknackern auf dem Pullover.

»176–176, der Bengalo, den du jetzt im Mund hast, dient nur der Erwärmung meines Herzens.«

Ja, sie können einem schon leidtun, unsere Hüter über Recht und Ordnung. Ganz gleich, ob in Deutschland oder den Niederlanden.

Der Staat unterstützt die Arbeit der Ordnungshüter auch an anderer Stelle maßgeblich. Natürlich durch Verbote. In mehreren Bahnhöfen, darunter zum Beispiel Gelsenkirchen, herrscht an bestimmten Tagen und zu bestimmten Uhrzeiten Waffenverbot. Die Hauptbahnhöfe werden also zeitlich begrenzt zu Waffenverbotszonen erklärt. Zeitlich begrenzt? Hallo? Was ist denn das für eine Verbotskultur? Heißt das, dass ich morgens zwischen sieben und neun Uhr mit einem atomaren Sprengkopf unter dem Arm ein Mettbrötchen an Gleis vier kaufen kann, dass ich dort aber in den Abendstunden auf meine Wasserpistole verzichten muss, weil die dann verboten ist? Ich denke, es sollte doch wohl klar sein, dass es in Deutschland ein generelles Waffenverbot geben muss, zu jeder Zeit und an jedem Ort. Also bis auf den Schützenfestplatz von Borsen natürlich. Da muss der Adler ja irgendwie demnächst wieder runtergeballert werden. Wenn auch nicht von Tillmann Dorp.

Man kann also abschließend festhalten, dass es die Politik nicht immer leicht hat, ihr Vollkasko-Denken, durch das sie jeden Menschen durch Verbote schützen möchte, auch in die Tat umzusetzen.

Wie ich zu Beginn der Geschichte aber ebenfalls sagte, sind es auch wir Bürger selbst, die zum Teil unterbewusst Regeln und Verbote produzieren, die kein Mensch wirklich braucht. Einschränkungen, die unser Leben langweiliger, eingeengter und genormter gestalten und uns immer weiter von der coolen alten Zeit entfernen, in der auch vieles verboten, aber alles wesentlich piepegaler gesehen wurde.

Haben Sie zum Beispiel als Arbeitnehmer mit eigenem Schreibtisch im Büro mal was von der Clean Desk Policy gehört? Das ist eine Unternehmensrichtlinie, die zahlreiche Firmen und Konzerne derzeit weltweit umsetzen, um, wie so oft, alles gleich gepolter und genormter zu gestalten. Die Clean Desk Policy, kurz CDP, schreibt vor, dass Mitarbeiter ihren Schreibtisch am Feierabend aufgeräumt oder gar leer geräumt verlassen müssen. Dies soll dazu beitragen, dass sich alle Mitarbeiter am folgenden Tag einen freien Schreibtisch, ganz egal, welchen, wie eine Pauschalreise buchen können und man a: nicht zu sehr an einen festen Arbeitsplatz im anonymen Großraumbüro gebunden ist und b: sich nicht allzu häuslich auf seinem Schreibtisch einrichtet, Aktenberge liegen bleiben oder man ungeniert die Tastatur des PC vollkrümelt. Außerdem würde dies nach außen hin Besuchern einen Eindruck von Professionalität und Kompetenz vermitteln. Ich fasse also einmal zusammen: Sie kommen morgens zur Arbeit und setzen sich an einen keimfreien, klinisch gesäuberten und fingerabdruckfreien Lacktisch, auf dem über Nacht weder ein Bild Ihrer hässlichen Zwillinge stehen noch ein angekautes Brötchen mit Mett-Imitat liegen darf. Es dürfen selbstverständlich keine Magenbitterfläschchen mehr in der Schublade versteckt werden, und auch der aus Datenschutzgründen mit einer Nummer versehene Joghurt darf nur noch im Stehen in der Teeküche gelöffelt werden. Das steigert dann die Kompetenz und die Professionalität des Mitarbeiters und der Unternehmung. Das stundenlange Zocken von Solitär und Candy Crush ist hingegen während der Arbeitszeit weiterhin genauso erlaubt wie das Anschauen von Youporn-Videos. Nur die daraus eventuell resultierenden Flecken auf der empfindlichen Tischplatte müssen abends nach Feierabend entfernt werden. Clean Desk Policy, ansonsten Kündigung!

Es gibt inzwischen auch zahlreiche Unternehmen, die versuchen, anhand von Verboten die Produktivität der Firma ins Unermessliche zu steigern. Man hat zum Beispiel festgestellt, dass Mitarbeiter gern mal dadurch abgelenkt werden, dass sie während der Arbeitszeit die Blumen auf der Fensterbank gießen. Kostbare Arbeitszeit, in der die Sklaven schließlich zu dienen haben und sich nicht um Grünzeugs kümmern sollen! Zwei Lösungen standen zur Auswahl. Entweder das Verbot aller Grünpflanzen in deutschen Büros, was Umweltaktivisten natürlich sofort verhindern würden, oder die kostenintensive Beauftragung einer externen Gießfirma, die sich um das professionelle Berieseln sämtlicher Pflanzen in den Büros kümmert. Nachdem viele Unternehmen nun also monatelange Ausschreibungen praktiziert haben, um eine Firma an Land zu ziehen, die in der Lage ist, fachgerecht einen Ficus zu gießen, können sich die Mitarbeiter wieder voll und ganz auf das Leerräumen ihrer Schreibtische nach Feierabend konzentrieren.

Übrigens: Da die Gießkannen-Firmen natürlich einen festen Zeitplan haben, wann sie zu Besuch kommen, um zu gießen, kann es vorkommen, dass Pflanzen vor den Augen der Büromitarbeiter in die Binsen gehen, weil es mal ein paar Tage lang im Büro heiß herging, man aber dem Alpenveilchen nicht lebensrettend zur Seite springen durfte. Ist das nicht eine schöne neue Bürowelt, voller Verbote und sinnloser Verschlimmbesserungen, in der wir da leben?

Kapitel 14

Vom Anfang zum Ende

Der Tag des Ministerpräsidentenbesuchs auf dem geschmückten Hundeübungsplatz von Borsen, mitten im Ortskern.

Oh ja! Sie haben ja recht. Das hätte ich fast vergessen. Sie wollen doch sicher noch wissen, wie der Besuch des Ministerpräsidenten vonstattengegangen ist.

Zwischen dem Chaostag auf dem Schützenfestgelände und in der Kleingartensiedlung sowie dem großen Moment, an dem es zur feierlichen Begrüßung der niederländischen Polizeischülerinnen kommen sollte, hatten zum Glück noch ein paar Tage Zeit gelegen. Tage, die ich sehr gut nutzen konnte, um mich von den Angriffen Tillmann Dorps zu erholen. Man hat nicht täglich die Freude, von jemandem beschossen zu werden und von einer Tuba mehr oder weniger das Leben gerettet zu bekommen.

Grotti ging es ebenso. Auch er hatte sich von den Ereignissen der letzten Zeit geschickt zurückgezogen und die Organisation der Veranstaltung an seinen Chef Hebemann und die Sekretärin Mimi abgegeben. Hebemann ließ sich natürlich, ebenso karrieregeil wie Grotti, nicht zweimal bitten. Unser Bürgermeister Bartolomeo lag dagegen mit seiner Schusswunde immer noch im Krankenhaus und markierte den sterbenden Schwan, sodass er dort noch länger Gelegenheit haben würde, die Bettwäsche des Hospitals mit Resten seines Frühstückeis zu versauen. Den Landesverdienstorden, so war er sich sicher, könne er auch nachträglich noch im Landtag abholen. Trotz dieser schwierigen Umstände sollte es ein großer Tag für Borsen werden. Der Ministerpräsident fand schließlich nicht jeden Tag hierher.

Ich stand nun also mit Grotti und seinem Chef Hebemann direkt neben der Bühne, auf welcher der Landesvater aus Düsseldorf gleich ein paar hoffentliche schlauere Worte finden würde als Franz Sparbier bei der Generalprobe.

Sparbier saß seit einigen Tagen in Untersuchungshaft. Rosario, sein ewig loyaler Mitarbeiter, hatte bei der Polizei umfangreich ausgepackt und neben der Sauerei im Vereinsheim auch zahlreiche andere Fälle von ignorierten baubehördlichen Regeln auf den Tisch gebracht. Zudem hatte sich herausgestellt, dass Sparbier viele Gebäude im Ort ohne nötiges statisches Gutachten hatte bauen lassen, was für mindestens ein paar weitere Tage U-Haft ausreichen würde. Meine liebe Nichte Tamara hatte Rosario die nötigen Unterlagen aus dem Büro besorgt und damit indirekt auch etwas für den neuen Frieden in Borsen geleistet.

Hebemann, der sich für den besonderen Anlass einen sauberen und nigelnagelneuen Anzug gegönnt hatte, wirkte nervös. Stefan und Paul, die beiden Tofu-Buben, waren nun die Chefcaterer im Ort, da die örtliche Metzgerei den Brötchen mit Mett-Imitat den Kampf angesagt und sich wieder auf fettige Fleischfrikadellen konzentriert hatte.

Stefan sprach den Chef des Amtes für neue deutsche Korrektheit mit einem Blech veganer Frikandeln und einer Thermospumpkanne in der anderen Hand an: »Herr Hebemann, Käffchen?«

Hebemann wippte mit beiden Füßen auf und ab.

»Mann, verschwinden Sie mit dem scheiß Kaffee! Ich kann Kaffee nicht mehr sehen. Außerdem kommt jeden Moment mein Amtskollege aus Düsseldorf.«

Eine zwei Tonnen schwere Limousine mit Verbrennungsmotor fuhr mitten auf den Hundeübungsplatz, auf dem eine große Bühne aufgebaut worden war. Die Rottweiler bellten sich die Kehle aus dem Leib. Alles war in den typisch niederländischen Farben geschmückt worden, und die Mädels vom Chor standen inklusive Orchester und Instrumenten neben uns. Doch wo waren eigentlich ihre Uniformen, die blumenverzierten Mützen und die Wasserwerfer sowie die Räumfahrzeuge geblieben? Ich erkannte nur eine Kanone, die am Rand des Hundeübungsplatzes stand, nicht weit von der Bühne entfernt.

Der Ministerpräsident stieg aus dem Wagen. Tessa machte ihren Job und schoss, was das Zeug hielt. Allerdings ohne Schrot, nur digital.

Hebemann machte den Bückling: »Guten Tag, Euer Durchlaucht. Es erfreut mich sehr, dass Sie heute den Weg in unser beschiss… äh beschauliches Borsen gefunden haben. Ich bin übrigens Ihr Lichtdouble vom Amt für neue deutsche Korrektheit.«

Der Ministerpräsident erwiderte den Handschlag ein wenig unwillig und schritt direkt neben die Bühne, um sich von Stefan einen Kaffee anbieten zu lassen.

»Bekomme ich vor meiner Rede noch Make-up?«, fragte er erwartungsvoll …

Ich sah unterdessen meinen Vater, der an diesem Tag den Anlass genutzt hatte, um den kleinen Friseursalon zu Werbezwecken in Szene zu setzen. Er hatte über das Schaufenster ein großes Pappschild gehängt. Neben der fest installierten Leuchtreklame »Haarpflege Twilfer« prangte nun der große Hinweis: »Klo für alle!«

Ich bemerkte, wie meine Mutter Frau von Schmoller in den Salon führte. Akute Blasenschwäche, wie mir schien.

Der Ministerpräsident schritt dann ans Rednerpult. Ich

war gespannt, wie so eine Grundsteinlegung vonstattengeht, da ich noch nie bei einer dabei war, weder privat noch in journalistischer Funktion. Musste dafür nicht irgendwo eine symbolische kleine Mauer aufgebaut worden sein, in die der Ministerpräsident dann einen Stein einmörtelt? So zumindest meine naive Vorstellung.

Tamara kam zusammen mit Mimi on TV zu uns, und auch Grotti stand händchenhaltend mit Swantje vor der Bühne. Na, dachte ich mir, das war ja klar, dass aus den beiden früher oder später noch mal etwas wird, was Swantje später bereuen sollte. Die beiden Turteltäubchen wirkten aber wie das beste Beispiel der Völkerverständigung zwischen Deutschland und den Niederlanden. Swantje mit ihrer Klarinette unter dem Arm und Grotti mit seinem Zollstock in der Hinterntasche. Auch Swantje war aus mir nicht ersichtlichen Gründen nicht in ihrer Dienstuniform erschienen, sondern stand dort lässig mit einem T-Shirt bekleidet, auf dem das Wort »Beamtendeutsch« zu lesen war.

Ein verirrter Piepton des Mikrofons schrillte über das ganze Gelände, und dann wurde es still, damit alle dem Besucher aus der Landeshauptstadt lauschen konnten. Nur die Rottweiler interessierte es nicht, welch historischen Moment Borsen erleben würde: die Grundsteinlegung für einen Kasernenbau mitten in der Ortsmitte inklusive Schießstand für 120 holländische Polizistinnen.

Der Politiker legte los.

»Meine Damen und Herrinnen, liebe Kolleginnen und Kolleginnen, liebe Bürgerinnen und Bürger von Borsen. Liebe Mitmenschen und Innen. Ich freue mich, heute Gast in Ihrem schönen Borsen sein zu dürfen, um einer ganz besonderen Zeremonie Glanz zu verleihen, also, äh, um diesen Tag glanzvoll zu gestalten. Also, ich meine, dass ich zu Ihrem Glanz hier ein paar Worte sprechen darf. Es war vor einigen Tagen, als man mich fragte, ob ich nicht live dabei sein wolle, wenn es darum gehe, der Völkerverständigung eine Art Denkmal zu setzen. Es geht aber ebenso darum zu zeigen, wie wichtig es den Borserinnen und Borsern, äh, Borserern beziehungsweise Menschen aus Borsen ist, die Natur in dieser schönen Umgebung zu schützen.«

Ich verstand wieder mal nur Bahnhof, und auch Tessa wusste nicht, was der Ministerpräsident da von sich gab. Ging es nicht eigentlich darum, 120 Polizistinnen willkommen zu heißen und so einen blöden Backstein einzuzementieren?

Der Präsident machte weiter.

»... und so möchte ich nun zur Tat schreiten und gleich drei Landesverdienstorden in nur einem Ort an die Personen verteilen, die durch Umweltschutz, Zivilcourage und Völkerverständigung ehrenvoll auf sich aufmerksam gemacht haben!«

Hebemann brachte derweil eine kleine Schatulle mit Orden auf die Bühne und stellte sich neben den Ministerpräsidenten.

»Herr Konsul, bitte stellen Sie sich doch etwas mehr in den Spot.«

Hebemann schob den Ministerpräsidenten zurück in das Scheinwerferlicht und übergab ihm die erste Schatulle.

»Und so möchte ich zunächst einer gewissen Zora Malmsmö den Landesverdienstorden für ihren freudestrahlenden Einsatz als Umweltaktivistin verleihen. Sie hat durch ihre unnachahmliche Akribie und ihren ehrenamtlichen Willen dazu beigetragen, dass in Borsen ein großer Umweltskandal aufgedeckt werden konnte ...«

In was für einen Film war ich denn hier geraten? Da lag

man mal ein paar Tage traumatisiert von einem außergewöhnlichen Schützenfest im Bett, und schon passierten in Borsen Dinge, die gar nicht zum Programm passten. Mimi aus dem Amt erkannte meine Verwunderung und sprach mich an.

»Tja, Kai. Damit haste nicht gerechnet, was? Hier wird heute gar kein Grundstein gelegt. Es werden auch keine holländischen Polizistinnen in Borsen Einzug halten. Zumindest nicht bewaffnet und in Uniformen.«

Im selben Moment feuerte im Hintergrund die Kanone los. Ein Konfettiregen überzog die Bühne. Hebemann sah aus wie eine Tube Smarties im Taka-Tuka-Land, während Zora mit zornigem Gesichtsausdruck den Orden von Smartie-Eckhard Hebemann entgegennahm und ihn an ihre Hose steckte – auf der Hinterseite. Dann ging sie schnell wieder von der Bühne. Die Menge applaudierte, allen voran Frau von Schmoller, die gerade erleichtert aus dem Salon meiner Eltern zurückgekommen war und beim Klatschen immer wieder ihre zementierte Dauerwelle betatschte.

Ich klaute Paul eine Schale vegane Frikandel spezial vom Tablett.

Hebemann wischte dem Ministerpräsidenten, der nun weiterlas, Konfetti von der Schulter.

»Des Weiteren verleihen wir als Land Nordrhein-Westfalen einen Landesverdienstorden an Herrn Benedikt Olm, der durch seine Zivilcourage nicht nur dem Bürgermeister das Leben gerettet hat, sondern sich auch schützend und selbstlos vor eine unserer jungen Gästinnen aus den Niederlanden geschmissen hat. Für diesen Akt der Nächstenliebe verleihe ich den Landesverdienstorden an Herrn Olm, einen politischen Kollegen hier in Borsen. Bitte kommen Sie auf die Bühne.«

Grotti, dieses Schlitzohr, war von Mimi natürlich vorher

in Kenntnis gesetzt worden und grinste mich nur blöd an. Darüber wird noch zu reden sein, mein Freund, dachte ich.

»Vielleicht, Herr Olm, machen Sie ja mal richtig Karriere im politischen Bereich ... Und zu guter Letzt möchte ich als Ministerpräsident noch den aus meiner Sicht wichtigsten Verdienstorden an eine junge Frau verleihen, die durch ihr beherztes und engagiertes Auftreten dafür gesorgt hat, dass die Dinge hier in Borsen zu einem friedvollen Miteinander geführt haben.«

Na, super, dachte ich mir. Jetzt wird Tamara auch noch ein Abzeichen zugeschanzt, nur weil die Sparbiers illegale Machenschaften mit aufgeklärt hat.

Der Präsident nahm die letzte Schatulle in die Hand, die ihm sein stummer Diener Hebemann reichte.

»... und so verleihe ich den Landesverdienstorden für Völkerverständigung, soziales Miteinander und den Einsatz für Geflüchtete an Frau Franziska von Schmoller. Frau von Schmoller hat durch die doch eher ungewöhnliche Aktion, ihr Mehrparteienhaus zu einer Kirche weihen zu lassen, dafür gesorgt, dass einem Geflüchteten ein neues, sicheres Zuhause geboten werden kann.«

Hebemann warf in purer Ekstase drei, vier Konfettis in die Luft und konnte sich neben dem Ministerpräsidenten stehend ein Grinsen nicht verkneifen. Das hatte er mit der Terromma wirklich gut hinbekommen, dachte ich mir.

»Frau von Schmoller hat durch ihren Einsatz zudem verhindert, dass dieses schöne Fleckchen Erde, auf dem wir hier gerade stehen, mit einer fragwürdigen Baumaßnahme, über die wir in Düsseldorf im Übrigen nie unterrichtet worden waren, zugebaut wird, und wir können uns stattdessen an den, äh, bellenden Hunden erfreuen, die nun weiter über das Feld tollen werden. Auch ist sicher den Anwohnerinnen und Anwohnern beziehungsweise den Geschäftsleuten und -leutinnen ein Stein vom Herzen gefallen, dass dieser schöne Ortskern baulich unberührt bleibt. Die Schweine von Borsen wird es ebenso freuen wie die Bullen.«

Ein schöner und sehr passender Satz unseres Ministerpräsidenten, wie ich fand. Im Hintergrund sah ich meinen Vater mit einer neuen 16er-Packung Klopapier in den Salon marschieren.

Der Ministerpräsident fuhr fort: »Frau Schmoller, bleiben Sie bitte unten. Der Orden wird Ihnen gebracht ... Zudem möchte ich als Ministerpräsident nun den bezaubernden Chor, bestehend aus fünfzig niederländischen Damen, begrüßen, der hier in Borsen aus Gründen der Völkerverständigung seit einigen Wochen zu Gast ist und, wie man mir sagte, für diesen Anlass heute ein ganz besonderes Musikstück eingeübt hat. Die Damen sind ja hier in Borsen auf einem, äh, Campingplatz, also in einer Wohnsiedlung, ich meine, einer Kolonie untergebracht worden. Eine nagelneue Anlage, inzwischen sogar mit gendergerechten Waschräumen und Frauenstellplätzen.«

Swantje rief dazwischen: »Und ohne Schilders mit Verbote!«

Der Ministerpräsident drückte dem Konfetticlown Hebemann daraufhin die leeren Schatullen in die Hand und verabschiedete sich von allen feierwilligen Niederländerinnen.

»Bleiben Sie einfach, so lange Sie möchten, meine Damen. Herzlich willkommen in Nordrhein-Westfalen! Herzlich willkommen in Borsen!«

Applaus brandete auf. Das Orchester spielte zum Abschluss »Heal The World«, und fünfzig Niederländerinnen inklusive der gut gelaunten Miss Slager sangen aus vollen Kehlen mit.

Der Aufruf, so lange in Borsen zu bleiben, wie man möchte, fand auch bei mir Anklang, da ich es wirklich nicht für möglich gehalten habe, dass mich das Landleben nach meiner Kinder- und Jugendzeit noch mal so in seinen Bann ziehen würde.

Ich hatte die vegane Frikandel inklusive der Kohlrabistäbchen, die wie Pommes aussahen, aufgegessen und nun ebenso wie ganz Borsen mit allem meinen Frieden geschlossen. Sogar mit der Welt der veganen Ernährung.

Auf dem Balkon von Frau von Schmollers Mietshaus sah ich dann plötzlich einen Mann stehen, der mit den Händen ein Peace-Zeichen formte. Ein Afrikaner, wie mir schien. Oder bildete ich mir das nach fünf Flaschen holländischem Bier alles nur ein?

Kapitel 15

Von gehemmt und politisch korrekt
zu ausgelassen und scheißegal

Nun hat sie also ein Ende gefunden. Die exemplarische Geschichte von Verboten und Reglementierungen rund um meinen Wohnort Borsen. Genau genommen sollte man in Bezug auf das »nicht Erlaubte« allerdings sprachlich fein abgrenzen, was in diesem Land, und auch in meinem Heimatort, »verboten« ist und was als »untersagt« gilt. Wenn Ihnen nämlich etwas untersagt wird, dann bezieht sich das auf eine Handlung, die ursprünglich erlaubt gewesen ist. Ein Verbot hingegen bezieht sich auf eine Tätigkeit, die nie erlaubt gewesen ist.

Da es in diesem Buch aber mehr darum ging zu definieren, was wir in einer vermeintlich politisch korrekten Gesellschaft noch tun dürfen und was wir besser lassen sollten, plädiere ich nicht nur dafür, sich den zahlreichen sinnlosen Untersagungen zu widersetzen, sondern auch, dafür zu kämpfen, dass durchaus sinnvolle Untersagungen endlich umgesetzt werden. Es gibt so viele Dinge zwischen Kosmos und Bodenblech, bei denen wir uns fast alle einig sind, dass diese abgeschafft gehören, weil sie schlichtweg unseren Alltag nicht verbessern, sondern verschlimmbessern oder sogar verschlechtern.

Um mal final ein paar Beispiele der alltäglichen Nervtöterei zu nennen, erhebe ich feierlich die Fahne für alle Leidtragenden, die es ebenso wie ich einfach nicht mehr ertragen können, dass sich fünfzigmal am Tag die Spritpreise an der Tankstelle ändern. Es macht einen wahnsinnig, den ganzen Tag über auf eine Benzinpreis-App schauen zu müssen, um festzustellen, dass der Sprit abends zwischen 19 Uhr und 20 Uhr am billigsten ist. Ich kann sie nicht mehr sehen, die zahlreichen Männer, die in Pantoffeln und Bademantel abends Dittsche-like an der

Zapfsäule stehen und mit einem beseelten Lächeln im Gesicht ihr Auto volltanken. Bitte verbieten!

Ich plädiere ebenso dafür, den Erfinder der IBAN für sein Handeln zur Rechenschaft zu ziehen. Wer, bitte schön, hat sich diesen langen Zahlenmist ausgedacht, der das Banking in keiner Form verbessert, sondern verkompliziert hat. Vor allem dann, wenn die IBAN zusammen mit zehn anderen Konten in Mikromillimetergröße unten auf ein Briefpapier gedruckt worden ist.

Zudem rege ich dazu an, das permanente Duzen meiner Person durch Wildfremde, wie es von Handel und Medien inzwischen wie selbstverständlich praktiziert wird, abzuschaffen. Geduzt wird, so wusste schon meine Omma, wenn man schon mal gemeinsam besoffen unter dem Tisch Schafe gezählt hat und im Skiurlaub ab einer Höhe von tausend Metern. Ansonsten hat unsere deutsche Sprache mit dem »Sie« eine wunderbare, ehrenvolle und respektable Form der Anrede gefunden, die es nur in wenigen Ländern weltweit so gibt und die es zu erhalten gilt. Ich möchte also weder bei der Bestellung eines popeligen Kaffees noch von irgendwelchen von Hipstern geprägten Lifestyle-Firmen ungefragt geduzt werden, nur weil das den weltoffenen, modernen und jugendhaften Charakter der Unternehmung zum Ausdruck bringen soll.

Und zu guter Letzt fordere ich eine Untersagung von Verpackungen, bei deren Öffnung man sich entweder die Hände blutig schneidet oder sich der Inhalt sofort über den ganzen Teppich ergießt. Ich sage nur »Gummibärchentüte« und »diebstahlsichere Blisterverpackungen«. Liebe Industrie, bitte verbessern!

In Bezug auf gesellschaftliche Normen muss aber längst nicht alles geregelt werden. Wir müssen nicht alles mit einem Mantel der Empörung überziehen, nur weil jemand etwas tut, was ein anderer vielleicht aus anderen Gründen nicht getan hätte.

Ich habe in diesem Buch auch immer wieder die sogenannte gute alte Zeit bemüht, um zu zeigen, dass man sich früher eben nicht über jedes Kinkerlitzchen Gedanken gemacht hat und es als empörend empfand, wenn jemand mal etwas gesagt oder getan hat, was vielleicht nicht der Mehrheitsmeinung in der Gesellschaft entsprach. In erster Linie bezieht sich dieses Retro-Denken der achtziger und neunziger Jahre natürlich auf meine Kindheit und Jugend, eine Zeit, als Lego-Figuren noch freundlich lächelten und neben der Playmobil-Baubude politisch unkorrekt der Bierkasten stehen durfte.

Ich glaube, dass ich mit diesem Retro-Denken nicht der Einzige in diesem Land bin, der diese Zeit voller Erinnerungen zumindest ein Stück weit gern zurückhätte. An allen Ecken und Enden zeigt sich, dass der Wunsch, den wir in diesen turbulenten Zeiten haben, der ist, wieder ein Stück Unbeschwertheit, so wie früher, genießen zu können. Wie lässt es sich sonst erklären, dass plötzlich vieles von früher wieder up to date ist. An jeder Ecke findet eine Achtziger-Jahre-Party statt. Coverbands von Musikgruppen, die schon lange unter der Erde liegen, haben Hochkonjunktur, während Lebensmittelfirmen plötzlich Produktklassiker aus der Zeit der orangefarbenen Telefone wiederaufleben lassen. Hollywood bedient sich uralter Marken, um die x-te Fortsetzung ins Kino zu bringen, anstatt mal etwas Neues zu entwickeln, das keiner auf dem Schirm hat und das noch in Jahrzehnten in den Köpfen der Filmfreaks eingebrannt sein wird. Die Sehnsucht nach Altbewährtem ist anscheinend riesig und findet in schweren Zeiten zahlreiche Befürworter.

Ich wünsche mir, dass wieder mehr kreative Köpfe die Muße finden, schöne neue Produkte, Filme, Songs und verrückte Ideen zu entwickeln, die nicht gleich wieder von einer Empörungspolizei angeprangert oder verhindert werden, nur weil irgendein Vollpfosten einen Grund findet, das aus nicht nachvollziehbaren Gründen zu verbieten. Länder wie China sollten uns doch klar vor Augen führen, wohin die Reise geht, wenn wir eine Gesellschaft zulassen, in der alles geregelt, genormt und verboten wird, was nicht in das Weltbild einiger weniger passt.

Ein Mehr an Aufklärung, statt Verbote auszusprechen, ist ebenso förderlich, wie das von mir bereits erwähnte »Sowohl-als-auch« statt des häufig grassierenden »Entweder-oder«. Wenn wir wieder lernen, mehr miteinander statt übereinander und somit aneinander vorbeizureden, dann sollte das gelingen. Das bedingt allerdings, dass wir auch verinnerlichen, dass es andere Lebensweisen und Meinungen gibt, die es zu akzeptieren gilt. Entscheidend sind letztlich das Denken und das Handeln eines jeden Einzelnen und nicht immer nur das flüchtig gesprochene oder das geschriebene Wort. Nicht nur Teilnehmer eines Töpferkurses vergreifen sich gern mal im Ton, auch uns allen ist es schon passiert, dass wir Dinge ausgesprochen haben, die ein anderer nicht gern hört und die wir dann häufig auch bereut haben. Macht uns das gleich zu einem schlechten Menschen? Auch hat jeder wohl schon mal etwas Verpöntes getan, was er später gern ungeschehen gemacht hätte. Entscheidend ist dabei aus meiner Sicht, ob das mit böser Absicht geschehen ist, um eine andere Person zu schädigen.

Weniger Hysterie und weniger Panikmache in Bezug auf

gesellschaftliche Themen würden uns in diesen turbulenten Zeiten sicher gut zu Gesicht stehen. Ein Mehr an Ungezwungenheit, Lebensfreude und auch der Mut, Dinge einfach mal umzusetzen und laufen zu lassen, können dafür sorgen, dass wir wieder mehr Spaß haben und den Moment genießen. Ohne Restriktionen, ohne die Angst, etwas falsch zu machen, und erst recht ohne zweifelhafte Verbote. Lassen Sie uns aus der Vergangenheit das Gute extrahieren und nicht das Negative in die Zukunft mitschleppen. Aus diesem Grund fiel in diesem Buch bis jetzt auch nicht einmal das Wort Corona. Die große Pandemie, die das Wort Verbotskultur und Maulkorbpflicht noch mal derart befeuert und gezeigt hat, was passiert, wenn Verbote ausgesprochen werden. Ich kann das Wort Corona einfach nicht mehr hören, und nichts wäre langweiliger gewesen, als es zum Hauptthema dieses Buches zu machen.

Auch wenn ich nicht immer Ihre Meinung getroffen habe, möchte ich mich recht herzlich bei Ihnen bedanken. Ich würde mich freuen, Sie vielleicht mal bei einer meiner Lesungen persönlich begrüßen zu dürfen, damit wir dort über kuriose Verbote, lustige Situationen oder die gute alte Zeit plaudern können. Und vielleicht sind wir dann sogar der gleichen Meinung – es muss einfach alles wieder ein Stück weit scheißegaler werden!